어린이 처음 인문학
그림으로 보는
그리스 로마 신화 ❹

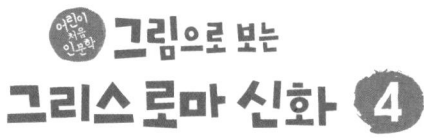

개정판 1쇄 발행 2022년 3월 10일
개정판 7쇄 발행 2024년 12월 30일

글 스카이엠 | 그림 오승원

발행인 오형석
편집장 이미현 | **편집** 정은혜 | **디자인** 이희승
발행처 (주)계림북스
신고번호 제2012-000204호 | **등록일자** 2000년 5월 22일
주소 서울시 마포구 창전로 74 여촌빌딩 3층
대표전화 (02)7079-900 | **팩스** (02)7079-956
도서문의 (02)7079-913
홈페이지 www.kyelimbook.com

ⓒ계림북스, 2022
이 책에 실린 글과 그림, 사진의 무단 전재나 복제를 금합니다.

ISBN 978-89-533-3449-6 74800 | 978-89-533-3445-8(세트)

어린이 처음 인문학

그림으로 보는

그리스 로마 신화

글 스카이엠 | 그림 오승원

계림북스
kyelimbooks

세상과 함께 태어나 지금도 살아 숨 쉬는 이야기

여러분은 신을 믿나요? 사람의 힘으로 해결하지 못하는 문제가 생겼을 때, 우리는 신에게 매달립니다. 오랜 옛날부터 사람들은 신에게 의지하며 살아왔지요.

지금처럼 과학이 발달하지 않았던 시절, 세상은 두려움으로 가득했어요. 파도가 덮치고, 화산이 폭발하고, 번개가 내리치는 모습이 얼마나 무서웠을까요?

사람들은 지혜와 상상력으로 무시무시한 공포를 이겨 냈어요. 번개를 던지는 제우스, 파도를 일으키는 포세이돈, 인간을 위해 불을 훔친 프로메테우스를 상상하며 온갖 두려움을 떨쳤지요.

'그리스 로마 신화'는 전 세계적으로 널리 알려진 이야기예요. 철학, 역사, 예술 등 모든 학문의 뿌리이기에 세상을 이해하는 데 큰 도움이 되지요.

　그래서 신화는 케케묵은 옛날이야기가 아니라, 살아 숨 쉬는 지금 이 순간의 이야기랍니다.

　인간을 꼭 닮은 신의 모습은 우리에게 많은 것을 가르쳐 줍니다. 서로의 마음을 이해하며 세상을 살아갈 특별한 힘을 주지요. 특히, 사람에 대해 고민하고 더 나은 삶으로 향하는 '인문학'을 배울 수 있어요. 고대 로마의 철학자 키케로는 "인문학은 삶을 풍요롭게 하고, 마음에 평화를 가져다 준다."라고 말했어요.

　신화 속 매력 넘치는 개성 만점 신들을 만나면, 사람과 세상을 사랑하는 마음이 절로 생겨날 거예요. 지금부터 신들의 이야기 속으로 여행을 떠나 볼까요?

스카이엠

차례

헤라클레스의 열두 가지 과제

- 천하무적 영웅의 탄생 ········· 12
  - 뱀은 하나도 안 무서워!
  - 최고의 용사로 자라났어요
  - 헤라의 저주로 큰 죄를 지었어요
  - 신들이 몰래 도와주었어요

- 열두 가지 모험의 시작 ········· 18
  - 괴물 사자와 괴물 뱀을 물리쳤어요
  - 수많은 사냥 과제를 성공했어요
  - 외양간 청소와 여왕의 허리띠

신화 배움터 용맹한 여자들, 아마조네스 ········· 24
  - 소 떼를 되찾았어요

- 끝나지 않는 힘든 과제 ········· 28
  - 안타이오스와의 레슬링 시합
  - 황금 사과는 아무나 가져갈 수 없어요
  - 지혜로 황금 사과를 얻었어요
  - 과제를 모두 마쳤어요

- 고생 끝에 신이 된 영웅 ········· 34
  - 또다시 죄를 짓고 노예가 되었어요
  - 변신하는 아켈로스와 풍요의 뿔
  - 영웅의 끝나지 않은 불행
  - 영원한 생명을 얻었어요

신화 배움터 헤라클레스의 문 ········· 40
신화 놀이터 틀린 그림 찾기 ········· 42

페르세우스의 위대한 모험

- 영웅 페르세우스의 탄생 ········· 46
  - 탑에 갇힌 공주, 다나에
  - 상자에 버려져 바다를 떠돌았어요
  - 신들이 선물을 주었어요
  - 왕의 꾀에 빠졌어요

아르고 호의 영웅들

- **무시무시한 괴물들과 맞서다** ················ 50
  - 지혜롭게 메두사와 싸웠어요
  - 거대한 산으로 변한 아틀라스
  - 바다 괴물에게서 안드로메다를 구했어요
  - 안드로메다의 약혼자가 돌이 되었어요

신화 배움터 ················ 58
〈플루타르코스 영웅전〉, 영웅은 모두 여기에!

- **페르세우스의 마지막 이야기** ················ 60
  - 어머니 다나에가 위험해졌어요
  - 세리포스의 왕이 돌로 변했어요
  - 불길한 예언이 맞았어요
  - 미케네 왕국의 왕이 되었어요
  - 별이 된 페르세우스와 안드로메다

신화 놀이터 숨은 그림 찾기 ················ 66

- **아르고 호의 대장, 이아손의 탄생** ················ 70
  - 아버지가 왕 자리에서 물러났어요
  - 이아손이 삼촌의 꾀에 넘어갔어요

- **이아손이 아르고 호에 영웅들을 모았어요** ················ 72
  - 아르고 호 탐험대가 모험을 떠났어요
  - 콜키스 왕국의 보물, 황금 양가죽
  - 아르고 호를 환영합니다
  - 오해 때문에 친구를 잃었어요
  - 헤라클레스와 힐라스가 사라졌어요

- **황금 양가죽을 향한 이아손의 도전** ················ 80
  - 피네우스 왕의 예언
  - 아이에테스 왕의 어려운 시험
  - 불을 뿜는 황소와 용의 이빨
  - 황금 양가죽을 들고 고향으로!

- **이아손과 메데이아의 어긋난 운명** ················ 88
  - 메데이아의 마법으로 건강해진 아버지
  - 부부에게 불행이 찾아왔어요

신화 배움터 ················ 92
고대 그리스의 천문학자, 프톨레마이오스

- 아르고 호의 작은 영웅들 ················· 94
  - 배밖에 모르는 천재, 아르고스
  - 아르고 호의 길을 안내한 린케우스

신화 배움터 아르고 호가 궁금해요! ············· 98

- 불행한 왕자, 멜레아그로스 ················ 100
  - 타오르는 장작과 멜레아그로스의 운명
  - 괴물 멧돼지가 쳐들어왔어요
  - 영웅들이 사냥하러 왔어요
  - 아들을 용서할 수 없어요

- 영원히 함께한 쌍둥이 형제 ··············· 106
  - 알에서 태어난 쌍둥이
  - 쌍둥이 형제는 재주가 많았어요
  - 쌍둥이 형제의 돈독한 우애

신화 배움터 ······················ 112
우주로 날아간 쌍둥이 우주선, 제미니

- 테세우스의 위험한 모험 ·················· 114
  - 아버지를 찾아 떠난 테세우스
  - 몽둥이 사나이를 무찔렀어요
  - 목숨을 빼앗는 무서운 침대
  - 무시무시한 도둑들을 잡았어요
  - 씨름 왕에게 도전한 테세우스

- 아테네에 도착한 테세우스 ················· 123
  - 왕비 메데이아의 나쁜 꾀
  - 그리운 아버지와 만난 테세우스
  - 아테네를 위해 희생했어요
  - 아버지와의 약속을 잊었어요
  - 영원한 우정을 맹세했어요
  - 영웅이 허무하게 떠났어요

- 사람을 살리는 의사, 아스클레피오스 ········· 132
  - 의사가 되고 싶어요
  - 병을 낫게 하는 뱀 지팡이
  - 하데스의 미움을 받았어요

신화 놀이터 색칠하기 ················· 138

용맹한 벨레로폰, 하늘을 날다

- 위기에 빠진 벨레로폰 ·············· 142
  - 히포누스가 이름을 바꿨어요
  - 왕비의 새빨간 거짓말
- 벨레로폰의 목숨을 건 모험 ·············· 146
  - 벨레로폰을 죽일 계획을 세웠어요
  - 하늘을 나는 말, 페가수스
  - 벨레로폰이 키마이라를 물리쳤어요
  - 페가수스와 함께라면 무섭지 않아요
- 신을 무시한 벨레로폰의 최후 ·············· 154
  - 리키아 왕국의 왕이 되었어요
  - 잘난 체하다 벌을 받았어요

신화 배움터 명화에서 만난 페가수스 ·············· 156

신화 놀이터 다른 그림 찾기 ·············· 158

떠돌이 왕자들의 모험

- 쫓겨난 왕자, 폴리네이케스 ·············· 162
  - 형에게 쫓겨났어요!
  - 사자와 멧돼지에게 시집보내시오!
- 일곱 명의 장군과 테베 전쟁 ·············· 166
  - 일곱 명의 장군이 모였어요
  - 아내에게 힘을 얻었어요
  - 아르고스와 테베의 끔찍한 전쟁
  - 아버지의 원수를 갚은 에피고노이

신화 배움터 49명을 혼자 물리친 티데우스 ·············· 172

- 전차 경주로 왕이 된 펠롭스 ·············· 174
  - 신을 시험한 탄탈로스
  - 펠롭스가 전차 경주에 도전했어요
  - 드디어 공주와 결혼했어요

신화 배움터 영웅들을 괴롭힌 괴물 이야기 ·············· 180

신화 놀이터 사다리 타기 ·············· 182

신화 놀이터 정답 ·············· 184

〈부록〉 신화 캐릭터 카드

헤라클레스는 위대한 영웅이 될 운명을 가지고 태어났어요.
하지만 헤라의 저주를 받아 끔찍한 죄를 저지르고 말았어요.
헤라클레스는 그 죄를 씻기 위해 열두 가지 과제에 도전했어요.
저절로 두 주먹을 불끈 쥐게 하는 영웅, 헤라클레스의 흥미진진한 모험 속으로 함께 떠나 볼까요?

헤라클레스의 열두 가지 과제

천하무적 영웅의 탄생

뱀은 하나도 안 무서워!

신들의 왕 제우스와 인간인 알크메네 사이에서 남자아이가 태어났어요. 제우스는 아내인 헤라에게 미안한 마음이 들었어요. 그래서 아기의 이름을 '헤라의 영광'이라는 뜻인 헤라클레스라고 지었지요. 하지만 헤라는 바람둥이 제우스 때문에 화가 나서 견딜 수 없었어요. 그녀는 무서운 독을 가진 뱀 두 마리를 가지고 헤라클레스가 누워 있는 곳으로 다가갔어요.

헤라클레스의 열두 가지 과제

헤라클레스는 태어난 지 8개월밖에 되지 않았지만 덩치가 크고 건강했어요. 헤라는 헤라클레스를 노려보며 뱀을 풀어놓았어요. 하지만 헤라클레스는 무서워하기는커녕 까르르 웃으며 뱀을 한 손에 한 마리씩 낚아챘어요. 그 힘이 어찌나 셌던지 뱀이 숨 막혀 죽고 말았지요. 제우스의 피를 이어받고 헤라의 이름을 가진 아기는 강하고 특별했답니다.

최고의 용사로 자라났어요

헤라클레스는 자랄수록 용감하고 지혜로워져 모두의 사랑을 받았어요. 특히 아버지 제우스에게 사랑을 많이 받았지요. 제우스는 헤라클레스가 누구보다 훌륭하게 자라길 바랐어요.

그래서 싸움하는 방법, 활 쏘는 방법, 노래 부르는 방법까지 배우게 했어요. 헤라클레스는 점점 똑똑해졌고 어느덧 열여덟 살이 되었어요. 테스피아이라는 곳에 엄청나게 큰 사자가 나타나 가축들을 마구 잡아먹었어요. 그때 헤라클레스가 나서서 사자를 물리쳤어요. 뿐만 아니라, 매년 이웃 나라에 황소를 백 마리씩 바쳐야 했던 테베 왕국의 걱정까지 해결해 주었어요. 헤라클레스가 그 이웃 나라와 싸워 이겼기 때문이지요. 이 일로 헤라클레스는 테베 왕국의 영웅이 되었고, 아름다운 공주와 결혼했답니다.

헤라의 저주로 큰 죄를 지었어요

헤라는 헤라클레스가 너무 미웠어요. 그는 알크메네가 낳은 제우스의 아들이기 때문이에요.
그래서 저주를 내려 아내와 아이를 사냥감으로 착각해 활로 쏘게 만들었어요.
뒤늦게 정신을 차리고 괴로워하는 헤라클레스에게 예언가가 말했어요.
"에우리스테우스 왕이 낸 과제를 통과하면 용서받을 수 있소."
하지만 이 또한 헤라클레스를 위험에 빠뜨리려는 헤라의 꾀였어요.
헤라클레스는 그 말을 믿고 말았어요.

새로운 사냥감이군! 잡아야겠어.

여보! 우리는 사냥감이 아니에요!

신들이 몰래 도와주었어요

올림포스의 신들은 헤라클레스가 걱정되었지만 헤라의 눈치가 보였어요. 그래서 몰래 그를 돕기로 했어요. 제우스는 무적의 방패를 내주고 아폴론은 활과 화살을, 아테나는 철모를 주었지요.
헤르메스는 칼을, 포세이돈은 말을, 헤파이스토스는 황금 갑옷과 놋쇠 장화를 선물했어요. 헤라클레스는 수많은 선물과 함께 커다란 몽둥이를 손에 들고 에우리스테우스 왕을 찾아갔어요.

이 선물들만 있으면 그 어떤 과제도 무섭지 않겠어!

열두 가지 모험의 시작

괴물 사자와 괴물 뱀을 물리쳤어요

에우리스테우스 왕은 헤라클레스에게 첫 번째 과제를 냈어요.
괴물 사자와 싸워 털가죽을 가져오라는 것이었죠. 헤라클레스는
몽둥이와 활을 들고 괴물 사자와 맞섰지만 꿈쩍도 하지 않았어요.
그러자 헤라클레스는 무기를 팽개치고 맨손으로 괴물 사자를 쓰러뜨렸어요.
헤라클레스는 괴물 사자의 털가죽을 몸과 머리에 두르고
에우리스테우스 왕 앞에 나타났어요.

헤라클레스의 열두 가지 과제

겁에 질린 에우리스테우스 왕은 더 어려운 두 번째 과제를 냈어요. 괴물 뱀 히드라를 물리치라는 것이었지요. 히드라는 머리가 아홉 개나 달렸는데 한가운데 있는 머리는 아무리 잘라도 계속 자라났어요. 몽둥이로 힘껏 내리쳐도 소용없었지요. 결국 헤라클레스는 불을 질러 히드라를 태워 버렸어요. 그리고 한가운데 머리를 땅속에 묻고 큰 바위로 눌러 물리쳤답니다.

수많은 사냥 과제를 성공했어요

세 번째 과제는 신비한 사슴을 잡아 오는 것이었어요. 헤라클레스는 황금 뿔과 쇠 다리를 가진 신비한 사슴을 잡기 위해 1년을 헤맸어요. 그런데 하필 사슴을 잡은 곳이 사냥의 여신 아르테미스의 숲이었어요. 아르테미스는 사슴을 놓아주라고 했어요. 헤라클레스는 아르테미스에게 과제를 모두 해결한 뒤에, 사슴을 놓아주겠다고 약속했어요. 아르테미스는 그를 불쌍히 여겨 사슴을 보내 주었답니다.

그 뒤, 헤라클레스는 네 번째 과제로 에리만토스 산에 사는 사나운 멧돼지를 잡았고, 다섯 번째 과제로 외양간 청소를 했어요. 여섯 번째 과제로 스팀팔로스 호수에 사는 괴물 새 떼를 쫓기도 했지요. 괴물 새 떼를 쫓을 때는 먼저 큰 소리를 내 깜짝 놀라게 만들었어요. 놀란 괴물 새들이 하늘로 날아오르자 화살로 쏘아 멀리 쫓아 버렸지요.

일곱 번째 과제로는 크레타 섬으로 가, 가축들을 해치고 농작물을 먹어치우는 무서운 황소를 사냥했고, 여덟 번째 과제로 사람을 잡아먹는 무서운 말들을 사냥했지요.

외양간 청소와 여왕의 허리띠

헤라클레스는 괴물을 잡는 것뿐만 아니라 굴욕적인 과제도 견뎌야 했어요. 특히 다섯 번째 과제는 영웅 헤라클레스에게 어울리지 않았어요. 바로 이웃 나라 왕인 아우게이아스의 외양간을 청소하는 일이었거든요. 그곳에는 삼천 마리의 소가 살고 있었는데 오랜 시간 청소를 하지 않아 무척 더러웠어요. 헤라클레스는 고민 끝에 기발한 방법을 생각해 냈어요. 바로 강의 물줄기를 외양간 안으로 끌어들이는 것이었어요. 그는 엄청난 물길로 단숨에 청소를 마쳤어요.

아홉 번째 과제는 여자들만 사는 나라인 아마존에 가서 여왕의 허리띠를 가져오는 것이었어요. 에우리스테우스 왕의 딸이 그 허리띠를 가지고 싶어 했기 때문이에요. 헤라클레스는 아마존 여왕을 찾아가 자신의 모험 이야기를 들려주었어요. 여왕은 헤라클레스가 마음에 들어 허리띠를 주었지요. 그런데 헤라클레스가 여왕을 납치하려 한다는 소문이 퍼졌고, 아마존의 군대가 헤라클레스를 뒤쫓았어요. 다행히 헤라클레스는 군대를 따돌리고 도망치는 데 성공했어요. 사실 그 소문은 헤라가 퍼뜨린 것이었지요.

신화 배움터

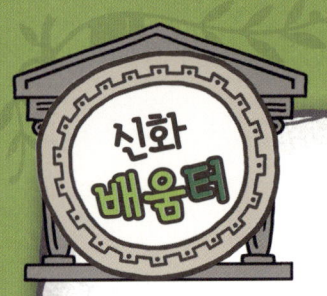

용맹한 여자들, 아마조네스

그리스 로마 신화에 등장하는 전설의 나라 '아마존'은 여자들만 사는 곳이었어요. 만약 남자가 태어나면 이웃 나라로 보내 버렸지요. 아마존은 전쟁의 신 아레스와 님프 하모니의 후손들로 이루어졌다고 전해져요. 아마존에 사는 여자들은 '아마조네스'라고 불리는데 남자보다 강하고 용감했어요. 말을 잘 타고, 싸움과 사냥도 잘했지요.

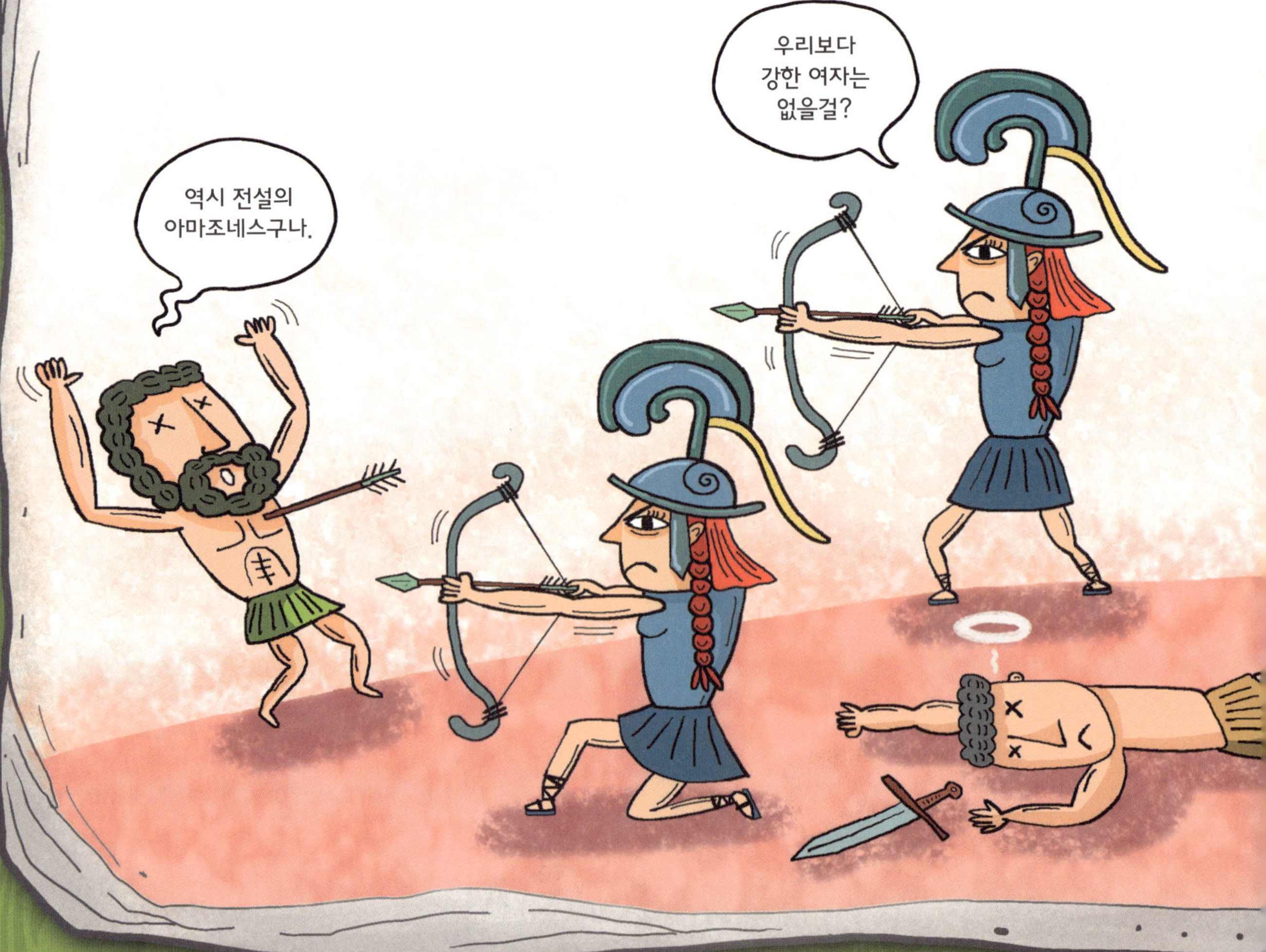

아마조네스는 사냥의 여신 아르테미스를 섬겼어요. 그녀들에 대한 이야기는 그리스 로마 신화에 등장하는 많은 영웅의 이야기를 통해 알 수 있어요. 영웅들이 아마조네스와 싸웠다는 기록이 많이 남아 있기 때문이지요. 또 아마조네스가 전쟁에 참여했다는 이야기도 전해지지요. 아마조네스는 세계 최초의 여군이었던 셈이지요.

소 떼를 되찾았어요

열 번째 과제는 괴물 게리온이 있는 섬에서 소 떼를 빼앗아 오는 거였어요. 게리온은 거인 에우리키온과 머리 둘 달린 개에게 섬을 지키게 하고 있었어요. 헤라클레스는 화살로 에우리키온과 개를 한 번에 맞혔어요. 무사히 섬 안으로 들어온 헤라클레스는 게리온 몰래 소 떼를 몰고 섬을 탈출하는 데 성공했어요.
소 떼를 몰고 산을 지나던 헤라클레스는 너무 피곤해 길에서 잠이 들었어요. 그때 근처 동굴에 살던 거인 카쿠스가 소 떼를 훔쳤어요.
잠에서 깨어난 헤라클레스가 소 떼를 찾아 헤매다가 동굴 속에서 소 울음소리를 들었어요. 헤라클레스는 그대로 동굴로 뛰어들어 카쿠스를 무찌르고 소 떼를 되찾았어요. 이렇게 헤라클레스는 소 떼를 몰고 에우리스테우스 왕에게 갔어요.

네가 감히 내 소를 훔쳐?

끝나지 않는 힘든 과제

안타이오스와의 레슬링 시합

열한 번째 과제는 지금까지의 과제보다 훨씬 어려웠어요. 바로 헤라의 황금 사과를 따오는 것이었거든요. 헤라클레스는 모험을 하던 중 거인 안타이오스와 마주쳤어요. 안타이오스는 강제로 레슬링 시합을 해서 상대의 목숨을 빼앗아 왔어요. 헤라클레스도 레슬링 시합을 하게 됐지요. 그런데 아무리 안타이오스를 던져도 상처 하나 나지 않는 거예요. 안타이오스는 대지의 여신 가이아의 아들이었기 때문에 땅에서는 그를 이길 수 없었지요. 헤라클레스는 꾀를 내 안타이오스를 하늘로 던졌어요. 그리고 땅으로 떨어지기 전에 공격해 시합에서 이겼어요.

헤라클레스의 열두 가지 과제

황금 사과는 아무나 가져갈 수 없어요

황금 사과나무는 헤라가 제우스와 결혼할 때 가이아에게 받은 선물이었어요. 헤라는 시녀인 헤스페리데스들과 불을 뿜은 용에게 황금 사과나무를 지키게 했어요. 아무리 강한 헤라클레스라도 헤라의 정원에 함부로 들어가지 못했어요. 그래서 직접 정원으로 들어가지 않고 누군가에게 도움을 청하기로 했어요.

헤라 님의 황금 사과는 아무도 손댈 수 없다!

지혜로 황금 사과를 얻었어요

헤라클레스는 여러 나라를 돌아다니다가 거인 아틀라스를 만났어요. 아틀라스는 제우스에게 맞서던 티탄 신 중 하나였어요. 그는 올림포스 신들과의 전쟁에서 진 뒤, 하늘을 떠받치는 벌을 받고 있었지요. 그는 황금 사과를 지키고 있는 헤스페리데스들의 가족이기도 했어요. 헤라클레스가 말했어요.

"아틀라스, 내가 하늘을 대신 받치고 있을 테니 헤스페리데스들을 설득해 황금 사과를 가져다주겠소?"

걱정 마. 난 헤스페리데스와 가족이라 금방 가져올 수 있어.

헤라클레스의 열두 가지 과제

아틀라스는 냉큼 그 부탁을 들어주었지요. 하지만 막상 황금 사과를 구하고 나니 다시 무거운 하늘을 떠받치고 싶지 않았어요. 그런데 헤라클레스가 아틀라스의 마음을 눈치채고 이렇게 말했어요.
"아틀라스, 나 지금 자세가 너무 불편해서 그런데, 하늘을 편하게 받치는 방법 좀 알려 주겠소?"
아틀라스가 시범을 보여주기 위해 하늘을 넘겨받는 순간, 헤라클레스는 황금 사과를 챙겨 달아나 버렸답니다.

과제를 모두 마쳤어요

에우리스테우스 왕은 헤라클레스가 열한 번째 과제까지 해내자 겁이 났어요.
그래서 절대 풀지 못할 과제를 생각해 냈어요.
"저승 문을 지키는 개, 케르베로스를 데려오시오."
아무리 어려운 과제를 내도 죽지 않는 헤라클레스를 저승으로
보내 버리기로 한 거예요. 케르베로스는 세 개의 머리와 용 꼬리를 가졌고,
매우 사나웠어요.
하지만 헤라클레스는 맨손으로 케르베로스를 붙잡아 버렸지요.
뿐만 아니라 지하 세계에 붙잡혀 있던 영웅 테세우스와 페이리토오스도
구해 주었답니다. 헤라클레스는 케르베로스를 에우리스테우스 왕에게
데려갔어요. 왕은 더 이상 과제를 내지 못하고 헤라클레스의 승리를
인정했답니다. 헤라클레스는 모든 과제를 무사히 마친 뒤, 가족을 죽게 한
죄를 용서받았어요.

고생 끝에 신이 된 영웅

또다시 죄를 짓고 노예가 되었어요

헤라는 헤라클레스가 무사히 과제를 마친 것이 분했어요. 그래서 또다시 저주를 내려 가장 친한 친구인 이피토스를 죽이게 만들었어요. 제우스는 헤라클레스에게 죗값으로 3년간 옴팔레 여왕의 노예로 살라고 명령했어요. 위대한 영웅이 하루아침에 노예가 되어 버렸지요.

누구보다 용감하고 남자답던 헤라클레스는 시녀들과 함께 지내면서 여자 옷을 입고 가느다란 목소리로 말했어요. 또 무기 대신 실타래를 들고 천에 수를 놓았지요. 헤라클레스의 상징이었던 사자 털가죽은 옴팔레 여왕이 대신 입었어요. 그렇게 3년간의 노예 생활을 마친 헤라클레스는 다시 영웅의 모습으로 돌아갔답니다.

변신하는 아켈로스와 풍요의 뿔

아켈로스는 강의 신 중 하나인데 동물로 변신하는 재주가 있었어요. 그는 자기 재주만 믿고 헤라클레스에게 도전했어요. 헤라클레스 역시 자기보다 덩치가 작은 아켈로스를 만만하게 보고 단숨에 목덜미를 움켜잡았어요. 그러자 아켈로스가 뱀으로 변신해 독이 든 이빨로 물려 했어요. 헤라클레스는 아기였을 때에도 뱀과 싸워 이긴 적이 있어요. 그래서 뱀의 머리를 꽉 움켜잡았지요.

헤라클레스의 열두 가지 과제

앞으로 이 뿔을 풍요의 뿔이라고 부르세요.

아켈로스는 서둘러 황소로 변신해 날카로운 뿔로 들이받으려고 했어요. 헤라클레스는 뿔을 잡아 부러뜨려 버렸지요. 아켈로스는 더 이상 싸울 힘이 없었어요. 그는 너무 창피해 뿔이 하나 뽑힌 채로 강물 속으로 도망쳐 버렸어요. 요정들은 아켈로스의 부러진 뿔을 꽃으로 장식해 풍요의 여신에게 바쳤어요. 풍요의 여신은 아켈로스의 뿔에 '풍요의 뿔'이라는 이름을 지어 주었어요. 그 뒤, 풍요의 뿔은 '원하는 것은 무엇이든 가질 수 있는 신비한 힘'을 갖게 되었답니다.

영웅의 끝나지 않은 불행

헤라클레스는 데이아네이라라는 아름다운 여자와 결혼해 행복하게 살고 있었어요. 하지만 행복은 오래가지 않았어요. 데이아네이라는 헤라클레스의 사랑이 변할까 항상 두려웠어요. 어느 날, 한 괴물이 헤라클레스의 손에 죽으면서 '내 피를 남편 속옷에 묻히면 남편의 마음이 변치 않을 거야.'라고 말했던 것이 생각났어요. 그녀는 그 말이 헤라클레스에게 복수하기 위한 거짓말인 줄도 모르고 남편 속옷에 괴물의 피를 묻혔지요. 피는 무서운 독이 되어 헤라클레스를 고통스럽게 했어요. 데이아네이라는 자신의 잘못을 깨닫고 스스로 목숨을 끊었어요.

영원한 생명을 얻었어요

헤라클레스는 사랑하는 아내를 따라 죽기로 결심했어요. 그래서 나무장작에 불을 붙이고 그 위에 누웠어요. 그는 두려움 없이 영웅다운 최후를 맞이했지요. 제우스는 헤라클레스를 하늘로 올렸어요. 그리고 올림포스 신들에게 용감한 헤라클레스를 신으로 만들어야 한다고 말했어요. 신들이 제우스의 말에 찬성했어요. 못마땅해 하던 헤라도 결국 고개를 끄덕였어요. 수많은 과제와 고통을 이겨 낸 헤라클레스의 노력을 인정한 것이지요. 헤라클레스는 마침내 신이 되어 영원한 생명을 얻었답니다.

헤라클레스의 문

터키의 에페수스라는 곳에는 옛날 그리스와 로마 시대의 유적지가 많이 남아 있어요. 에페수스는 고대 도시 국가로 그리스가 다스릴 때 가장 발전했어요. 그래서 그리스 로마 신화에 등장하는 신들의 신전이나 조각상이 많이 남아 있지요. 특히 아르테미스 여신의 신전과 헤라클레스의 문이 유명하지요. 현재 헤라클레스의 문은 거대한 두 개의 기둥만 남아 있는데 헤라클레스가 사자 가죽을 입은 모습이 조각되어 있어요.

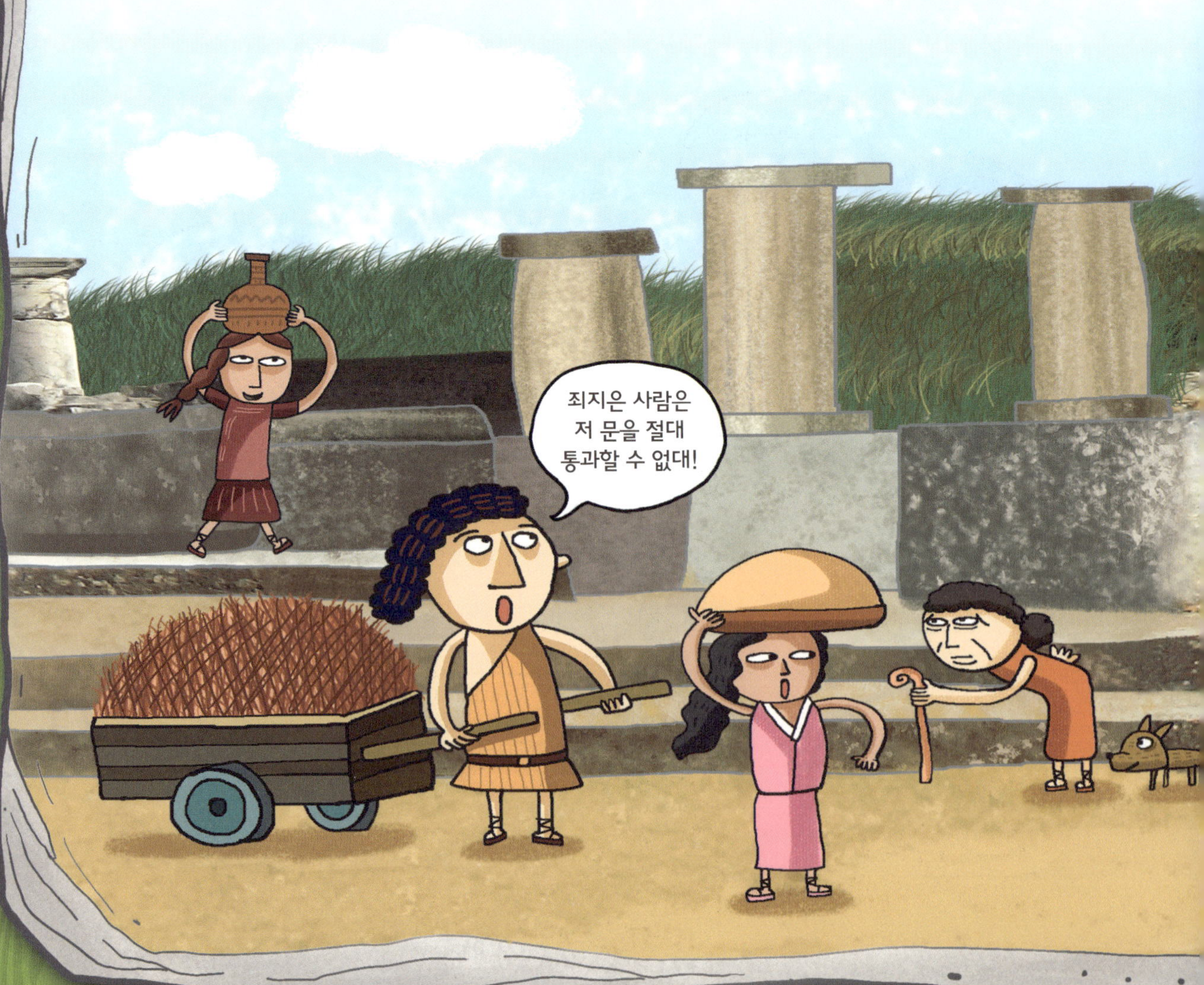

죄지은 사람은 저 문을 절대 통과할 수 없대!

기둥에 새겨진 헤라클레스의 위풍당당한 모습은 죄지은 사람들을 떨게 만들었지요. 에페수스에는 헤라클레스의 문을 사이에 두고 각각 다른 사람들이 살았다고 해요. 위쪽은 귀족들이 살고, 아래쪽은 일반 시민들이 살았지요. 기둥 문 앞은 늘 군사들이 지키고 있었어요.
그래서 죄지은 사람이나 일반 시민은 함부로 헤라클레스의 문을 통과할 수 없었답니다.

헤라클레스의 문

사자 가죽을 입은 헤라클레스

아무나 못 들어갑니다!

신화 놀이터

헤라클레스는 헤라의 미움을 받았어요. 그래서 많은 과제와 고통을 견뎌야 했지요. 다음 그림을 보고 헤라클레스가 겪은 과제가 아닌 것을 두 개 골라 보세요.

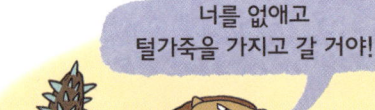

너를 없애고 털가죽을 가지고 갈 거야!

아르테미스 님, 제가 과제를 다 마치면 사슴을 다시 데려오겠습니다!

머리에 뱀이 우글대는 끔찍한 괴물 메두사를 아시나요?
메두사와 눈이 마주치면 누구라도 돌로 변하고 말지요!
페르세우스는 이 무서운 괴물과 맞서 싸운 영웅이랍니다.
그는 바다 괴물에게 바쳐진 안드로메다 공주를 구하기도 했지요.
한 편의 영화를 보듯 숨 가쁘게 흘러가는 페르세우스의
위대한 모험을 다함께 지켜볼까요?

페르세우스의 위대한 모험

영웅 페르세우스의 탄생

탑 안에만 있으니 너무 외로워.

탑에 갇힌 공주, 다나에

아르고스 왕국에 아름다운 공주 다나에가 살았어요. 하지만 다나에는 탑에 갇혀 있었지요. 그녀를 가둔 건 아버지인 아르고스 왕이었어요. 왕은 손자가 태어나면 그 아이의 손에 죽게 될 거라는 무시무시한 예언을 들었어요. 그래서 다나에를 탑 안에 가두고 아무도 만나지 못하게 했어요.

불쌍한 다나에….

페르세우스의 위대한 모험

상자에 버려져 바다를 떠돌았어요

제우스는 아름다운 다나에에게 반했어요. 그래서 황금 비로 변신해 탑 안으로 스며들었지요. 제우스와 만난 다나에는 페르세우스를 낳았어요. 다나에는 아버지 몰래 페르세우스를 키웠지만 우렁찬 울음소리 때문에 들키고 말았지요. 화가 난 왕은 다나에와 페르세우스를 큰 상자에 넣어 바다에 띄어 보냈어요. 그들은 바다를 둥둥 떠다니다 세리포스 섬에 도착했어요.
한 어부가 상자를 건져 세리포스의 왕에게 바쳤고, 왕은 다나에와 페르세우스를 따뜻하게 맞아 주었어요.

신들이 선물을 주었어요

페르세우스는 세리포스 섬에서 건강하고 씩씩하게 자랐어요. 그는 아버지가 신들의 왕 제우스라는 것을 자랑스럽게 여겼어요. 올림포스의 신들은 페르세우스를 어여삐 여겨 푸짐한 선물을 주었어요. 전쟁의 여신 아테나는 멋진 방패를 주었고, 전령의 신 헤르메스는 날개 달린 신발을 주어 날 수 있게 했어요. 저승의 신 하데스는 투명 투구를 주었어요. 투명 투구를 쓰면 모습이 보이지 않았지요. 페르세우스는 이 선물들을 소중하게 여기며 사용할 날만을 기다렸어요.

왕의 꾀에 빠졌어요

어느 날, 세리포스의 왕이 페르세우스를 불렀어요. 왕은 페르세우스에게 왕국을 괴롭히는 괴물인 메두사를 물리쳐 달라고 부탁했어요. 사실, 왕은 페르세우스의 어머니인 다나에를 좋아했어요. 그래서 강제로 결혼하려고 했지만 아들인 페르세우스 때문에 방해가 됐어요. 그래서 페르세우스가 무서운 괴물 메두사와 싸우다가 죽기를 바랐지요.

무시무시한 괴물들과 맞서다

지혜롭게 메두사와 싸웠어요

메두사는 원래 아름답기로 소문난 처녀였어요. 탐스러운 머리카락이 그녀의 자랑거리였지요. 하지만 예의 없고 잘난 체가 심해 아테나 여신에게 미움을 받았어요. 아테나는 메두사에게 저주를 내렸어요. 머리카락이 살아 움직이는 뱀이 되고 말았지요. 게다가 메두사를 직접 보면 누구든 돌로 변해 버렸어요. 메두사는 그때부터 동굴에 숨어 살면서 사람들을 돌로 만들었어요.

나의 아름다움은 아테나 여신도 이기지 못할걸?

옛날 메두사

나를 직접 보면 사람이든 짐승이든 모두 돌로 변하고 말지!

수많은 영웅이 메두사를 무찌르려 했지만 아무도 성공하지 못했어요.
모두 메두사의 모습을 직접 봐 돌이 되어 버렸거든요. 페르세우스는
헤르메스가 준 날개 달린 신발을 신고 동굴로 갔어요. 그리고 메두사를 직접
보지 않기 위해 번쩍이는 아테나의 방패를 들었지요. 그는 방패에 비친
메두사의 그림자를 보고 달려들어 그대로 머리를 베었어요. 페르세우스는
메두사의 머리를 아테나에게 바쳤어요. 아테나는 페르세우스의 방패에
메두사 머리를 장식했어요. 그 뒤, 그 방패를 보면 누구든 돌이 되었답니다.

거대한 산으로 변한 아틀라스

페르세우스가 여행을 하다, 거인 아틀라스가 다스리는 나라에 도착했어요.
그 나라에는 양과 소, 돼지가 많았고, 황금 열매가 주렁주렁 열려 있었어요.
페르세우스는 아틀라스에게 하룻밤 쉴 곳을 부탁했어요. 하지만 아틀라스는
페르세우스가 자신의 황금 열매를 훔치러 왔다고 생각해 내쫓으려고 했어요.
페르세우스는 아틀라스를 힘으로 이길 수 없다고 생각해 꾀를 냈어요.
"아틀라스, 당신에게 줄 멋진 선물이 있소!"
선물이라는 말에 아틀라스가 고개를 돌리자, 페르세우스가 바로
방패를 내밀었어요. 방패에 달린 메두사를 본 아틀라스는 수염과 머리털은
숲이 되고, 팔과 어깨는 절벽, 머리는 산꼭대기, 뼈는 바위가 되었어요.
그는 거대한 산이 되고 말았지요.

바다 괴물에게서 안드로메다를 구했어요

에티오피아 왕국의 왕비 카시오페이아는 자신이 바다의 님프들보다 아름답다고 잘난 척했어요. 화가 난 님프들이 바닷가로 괴물을 보내 왕국 사람들을 잡아먹게 만들었어요. 님프들의 화를 풀어 주기 위해서는 공주인 안드로메다를 바다 괴물에게 바쳐야만 했지요. 안드로메다는 쇠사슬에 묶여 바다 괴물을 기다리고 있었어요.

페르세우스 님, 저를 구해 주세요!

너를 없애고 안드로메다와 결혼하고 말겠다!

페르세우스의 위대한 모험

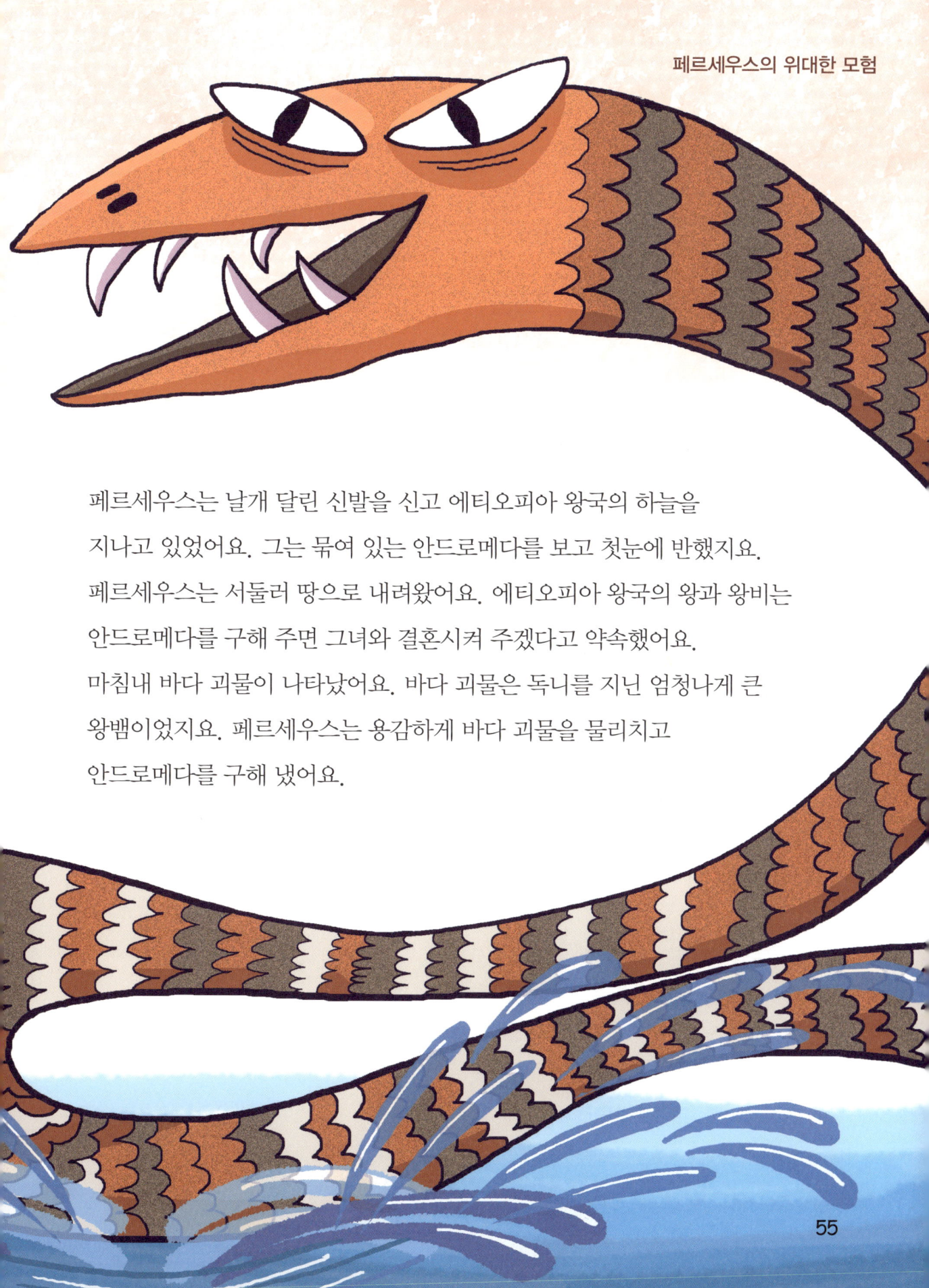

페르세우스는 날개 달린 신발을 신고 에티오피아 왕국의 하늘을 지나고 있었어요. 그는 묶여 있는 안드로메다를 보고 첫눈에 반했지요. 페르세우스는 서둘러 땅으로 내려왔어요. 에티오피아 왕국의 왕과 왕비는 안드로메다를 구해 주면 그녀와 결혼시켜 주겠다고 약속했어요. 마침내 바다 괴물이 나타났어요. 바다 괴물은 독니를 지닌 엄청나게 큰 왕뱀이었지요. 페르세우스는 용감하게 바다 괴물을 물리치고 안드로메다를 구해 냈어요.

안드로메다의 약혼자가 돌이 되었어요

페르세우스와 안드로메다는 결혼식을 서둘렀어요. 모두 기쁜 마음으로 축하해 주었지요. 하지만 안드로메다의 약혼자였던 피네우스는 화가 머리끝까지 났어요. 피네우스는 안드로메다와 결혼할 사람은 자신이라며 결혼을 반대했지요. 심지어 페르세우스를 죽이려고 창까지 던졌어요. 하지만 페르세우스가 너무 쉽게 창을 피했지요.

페르세우스의 위대한 모험

피네우스가 혼자 힘으로는 부족해 부하들을 모두 불렀어요.
페르세우스가 그들을 보고 생각했어요.
'흠……, 너무 많네. 좋은 방법이 없을까?'
그는 곧 적들을 향해 방패를 높이 쳐들고 "나와 같은 편은 고개를 돌려라." 하고 외쳤어요.
그 순간, 방패에 달린 메두사 머리를 본 적들이 모두 돌이 되고 말았어요. 부하를 모두 잃은 피네우스가 도망치려 했지만 금세 붙잡혔지요. 그 역시 부하들처럼 돌이 되고 말았답니다.

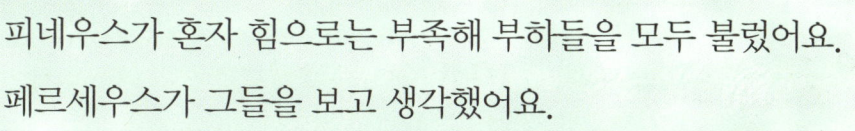

헉! 내 몸이 굳어 가….

<플루타르코스 영웅전>, 영웅은 모두 여기에!

<mark>흥미로운 이야기로 가득한 <플루타르코스 영웅전>은 그리스의 철학자이자, 작가인 플루타르코스가 쓴 책이에요.</mark> 그는 많은 나라를 여행하며 지혜로운 사람들의 가르침을 받았어요. 플루타르코스는 평생 공부를 게을리하지 않았고 다양한 분야의 책을 무려 250여 권 가까이 썼답니다.
그는 로마에서 시민권을 얻어 최고 지위인 신관★까지 올라가기도 했지요.
<mark><플루타르코스 영웅전>에는 고대 그리스와 로마 시대 영웅 이야기가 담겨 있어요.</mark>
폼페이우스나 브루투스 같은 정치가의 이야기도 있고, 알렉산드로스 같은 왕 이야기도 있지요. 이처럼 실제 그리스와 로마에 살았던 영웅의 이야기도 있지만, 로물루스나 테세우스처럼 신화에 나오는 영웅의 이야기까지 다양하답니다. <mark>플루타르코스는 영웅들의 이야기를 통해 용감하게 옳은 일을 하라는 가르침을 주고자 했어요.</mark>

★**신관** 신을 모시는 사람이에요.

페르세우스의 마지막 이야기

어머니 다나에가 위험해졌어요

페르세우스가 모험을 떠나자 다나에는 혼자 남았어요. 그때 세리포스의 왕이 다나에와 강제로 결혼을 하려 했지요. 하지만 다나에는 왕의 말을 듣지 않았어요. 화가 난 왕이 다나에를 가두고 음식도 주지 않았어요. 죽을 위기에 빠진 다나에를 도운 건 처음 바다에서 구해 주었던 어부, 딕티스였어요. 사실 딕티스는 세리포스 왕의 동생이기도 했어요.

세리포스의 왕이 돌로 변했어요

페르세우스가 안드로메다와 함께 세리포스 섬으로 돌아왔어요. 하지만 왕은 페르세우스의 승리를 인정하지 않고 비웃었어요. 화가 난 페르세우스가 메두사 머리가 달린 방패로 왕과 병사들을 모두 돌로 만들어 버렸어요. 그 뒤, 세리포스 섬은 디크티스가 다스리게 되었어요.

불길한 예언이 맞았어요

페르세우스는 어머니와 아내를 데리고 고향인 아르고스 왕국으로 돌아가고 싶었어요. 그의 할아버지인 아르고스 왕은 페르세우스가 돌아온다는 소식을 듣고 깜짝 놀랐어요. 그는 '너는 손자에게 목숨을 잃을 것이다.'라는 예언이 떠올라 두려워 어쩔 줄 몰랐지요. 왕은 서둘러 테살리아 지방에 있는 라리사라는 곳으로 몸을 숨겼어요. 페르세우스 일행은 아르고스로 가다가 우연히 라리사를 지나게 되었어요. 그곳에 자신의 할아버지가 숨어 있다는 것은 꿈에도 몰랐지요.

원반던지기에 내가 빠질 수 없지!

페르세우스의 위대한 모험

으악! 왜 원반이 나한테 오는 거야?

 마침 라리사에서는 체육 대회를 하던 중이었어요. 페르세우스는 원반던지기 경기장으로 갔어요. 각 나라에서 온 선수들이 원반을 던지고 있었지요. 평소 원반던지기에 자신 있던 페르세우스도 당당하게 경기에 나갔어요. 그가 던진 원반이 쉬익, 소리를 내며 날아갔어요. 그때 퍽, 하고 누군가 원반에 맞아 쓰러졌어요. 아르고스의 왕이었어요. 불행히도 예언이 맞아떨어진 거예요.

미케네 왕국의 왕이 되었어요

페르세우스는 아르고스로 향하던 걸음을 멈췄어요. 할아버지의 나라였던 아르고스를 지배하지 않고, 새로운 왕국을 만들겠다고 결심했기 때문이지요. 그는 새로운 땅에 미케네 왕국을 세우고 왕이 되었어요. 미케네 왕국의 왕과 왕비가 된 페르세우스와 안드로메다는 아이를 많이 낳았어요. 아들 페르세스는 페르시아 왕국의 첫 번째 왕이 되었어요.

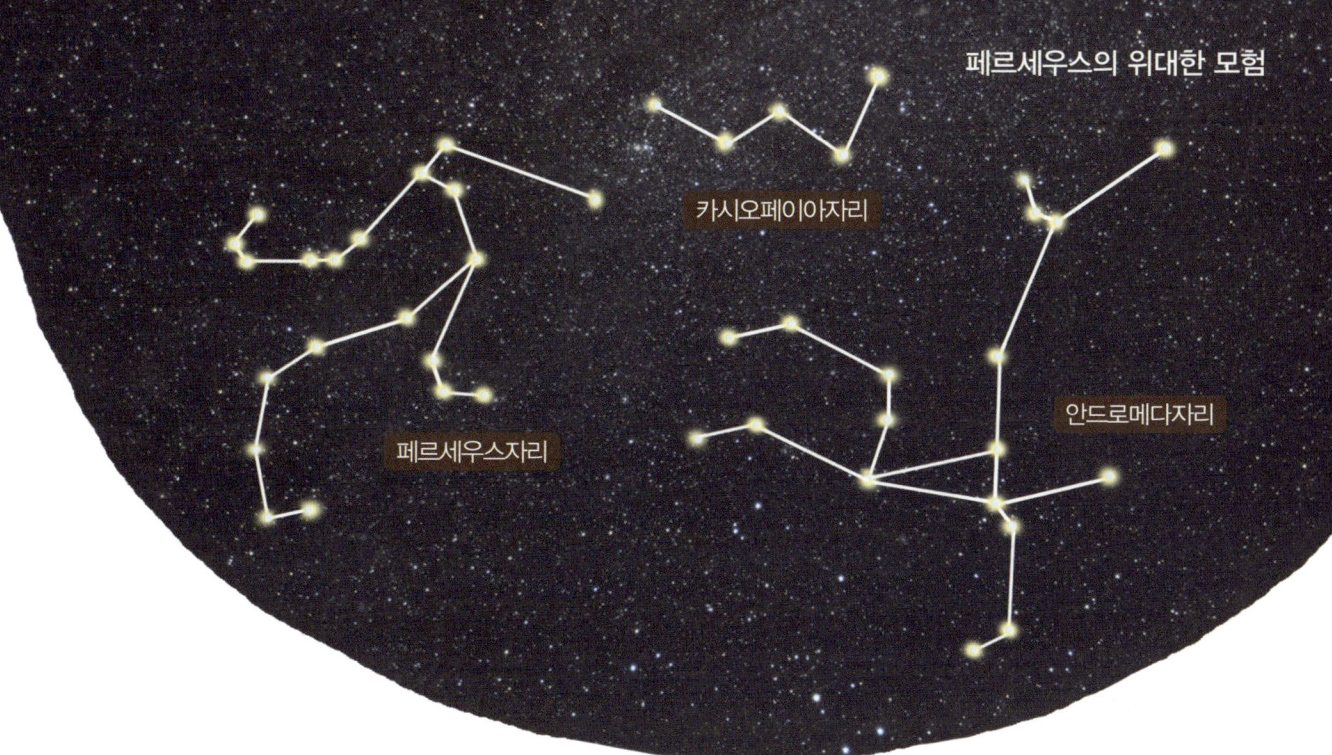

페르세우스의 위대한 모험

별이 된 페르세우스와 안드로메다

오랫동안 행복할 것만 같던 페르세우스와 안드로메다에게도 죽음이 찾아왔어요. 아테나 여신은 페르세우스와 안드로메다를 별자리로 만들어 주었어요. 둘은 별이 되어서도 꼭 붙어 있었지요. 가까운 곳에는 안드로메다의 어머니인 카시오페이아의 별자리도 있답니다. 그녀는 자신이 님프보다 아름답다고 잘난 척한 잘못이 있어요. 그래서 바다의 신 포세이돈이 겸손을 배우라는 뜻으로 별자리를 거꾸로 매달아 놓았답니다.

카시오페이아는 겸손을 배워야 해!

아르고 호는 그리스에서 최초로 만든 커다란 배예요.
이아손은 아르고 호에 50명의 영웅들을 태우고 모험을 시작해요.
모험을 하며 오해를 받아 전쟁을 치르기도 하고,
쾅쾅 부딪히는 바위섬을 만나기도 하는 등 많은 위험을 겪었지요.
하지만 아르고 호는 지치지 않고 목표를 향해 나아가지요.
지금부터 아르고 호의 영웅들과 함께 모험을 떠나 볼까요?

아르고 호의 영웅들

아르고 호의 대장, 이아손의 탄생

아버지가 왕 자리에서 물러났어요

이올코스 왕국에서 왕 자리를 놓고 다툼이 일어났어요. 아이손 왕과 그의 동생 펠리아스 사이의 다툼이었지요. 결국 아이손은 "내 아들 이아손이 어른이 되거든 왕국을 돌려다오."라고 말한 뒤, 왕 자리를 내주었어요. 아이손은 떠나기 전, 이아손을 켄타우로스족의 케이론에게 맡겼어요. 몸통은 인간이고 허리 아래로는 말인 케이론은 재주가 많아 영웅들의 스승이기도 했지요. 이아손은 케이론에게 활 쏘는 방법, 병을 치료하는 방법, 악기 다루는 방법, 미래를 보는 방법 등을 배웠어요.

이아손이 삼촌의 꾀에 넘어갔어요

이아손은 씩씩하고 멋진 청년으로 자랐어요. 그는 이올코스 왕국의 왕이 되기 위해 삼촌 펠리아스를 찾아갔어요. 펠리아스는 이아손을 보고 깜짝 놀랐어요. 왕 자리를 넘겨줄 생각이 전혀 없었기 때문이에요. 그는 꾀를 내어 콜키스 왕국의 보물인 황금 양가죽을 찾아오면 왕 자리를 주겠다고 했어요.

이아손이 아르고 호에 영웅들을 모았어요

아르고 호 탐험대가 모험을 떠났어요

이아손이 목수 아르고스에게 50명을 태울 큰 배를 만들라고 명령했어요. 당시에는 작은 배가 대부분이어서 큰 배를 만드는 것은 매우 어려운 일이었어요. 아르고스는 최선을 다했고 마침내 그의 이름을 딴 '아르고 호'가 완성되었지요.

이아손은 모험을 좋아하는 청년들을 불러 모았어요. 헤라클레스, 멜레아그로스, 테세우스, 카스토르와 폴리데우케스 형제, 오르페우스, 아스클레피오스 등 50명이 모였어요.

아르고 호의 영웅들

이아손은 아르고 호의 대장이 되어 모험을 이끌었어요. 드디어 아르고 호가 넓은 바다로 나아갔어요.
아르고 호에 탄 50명의 용감한 영웅들을 '아르고나우테스'라고 불러요.
이들은 황금 양가죽을 찾기 위한 모험을 선택했어요.
그렇다면 황금 양가죽은 누가 가지고 있을까요?

73

콜키스 왕국의 보물, 황금 양가죽

옛날 테살리아라는 곳에 아타마스 왕과 네펠레 왕비가 살고 있었어요. 둘 사이에는 왕자와 공주가 있었지요. 그런데 왕이 다른 여자를 좋아하게 되어 왕비를 내쫓고 새 왕비를 맞아들였어요. 새 왕비는 왕자와 공주를 무척 싫어했어요. 쫓겨난 왕비는 눈물을 흘리며 왕자와 공주를 보호해 달라고 신에게 빌었어요. 기도를 들은 전령의 신 헤르메스가 황금 털을 가진 양을 왕자와 공주에게 보냈어요.

왕자와 공주는 황금 양을 타고 훨훨 날아올라 바다를 건넜지요. 안타깝게도 공주는 가는 도중, 바다에 빠져 죽고 말았지만 왕자는 무사히 콜키스 왕국에 도착했어요. 콜키스의 왕 아이에테스는 왕자를 따뜻하게 맞아 주었어요. 왕자는 자신을 무사히 데려다준 황금 양을 제우스에게 바쳤어요. 그리고 아이에테스 왕에게는 황금 양가죽을 주었지요. 아이에테스 왕은 이 귀한 보물을 숲속 깊이 숨기고, 잠들지 않는 용에게 지키라고 했어요.

아르고 호를 환영합니다

아르고 호는 렘노스 섬에 잠시 머물렀어요.
그곳은 여자들만 사는 섬이었어요.
여자들은 아르고 호의 늠름한 영웅들을 반갑게
맞아 주었어요. 그리고 떠날 때 옷과 음식, 술까지
챙겨 주었지요. 다시 모험을 떠난 아르고 호 탐험대는
키지코스 왕이 다스리는 어느 섬에 도착했어요.
키지코스 왕은 그들을 친구처럼 대해 주었어요.

받기만 하고 가는 것 같아 미안하오.

늠름하고 멋진 영웅들은 언제나 환영이에요!

오해 때문에 친구를 잃었어요

아르고 호가 키지코스의 섬을 떠난 지 얼마 되지 않아, 폭풍우가 몰아쳤어요. 아르고 호는 어쩔 수 없이 다시 키지코스의 섬으로 배를 돌려야 했지요. 그런데 너무 깜깜한 밤이어서 키지코스 왕이 아르고 호를 적군으로 착각했어요. 그래서 군대를 보내 공격을 명령했지요. 아르고 호 탐험대와 키지코스의 군대 사이에 큰 싸움이 벌어졌어요. 그 틈에 키지코스 왕이 목숨을 잃고 말았어요. 이아손은 자신을 친구처럼 대해 준 키지코스 왕이 죽자 슬픔에 빠졌어요. 그래서 12일 동안이나 섬을 떠나지 않고 키지코스 왕의 죽음을 슬퍼했답니다.

헤라클레스와 힐라스가 사라졌어요

아르고 호가 다시 힘차게 출발했어요. 음악가 오르페우스의 리라 연주에 맞추어 모두가 영차, 영차 노를 저었어요.
폭풍우가 심하게 치면 카스토르와 폴리데우케스 형제가 파도를 잠재웠어요.
선원들이 아프거나 다치면 의사인 아스클레피오스가 치료해 주었고요.
아르고 호는 모두의 능력을 한데 모아 별 탈 없이 모험을 이어 나갔어요.
그런데 헤라클레스와 힐라스가 배 안에 없었어요. 어떻게 된 일일까요?

어? 힐라스 아냐?
지금 뭐하는 거지?

아르고 호가 어느 섬에 잠시 멈춰 있을 때였어요. 아름다운 청년 힐라스가 물을 마시려고 배에서 내려 샘을 찾았어요. 그런데 샘에 사는 님프가 힐라스의 아름다움에 홀딱 반하고 말았어요. 그래서 힐라스를 끌고 샘으로 들어가 버렸어요. 때마침, 부러진 노를 고치러 숲에 들어갔던 헤라클레스가 그 모습을 보았어요. 헤라클레스는 사라진 힐라스를 계속 찾아보았지만 결국 찾지 못했어요. 결국 아르고 호는 두 사람을 두고 출발했답니다.

황금 양가죽을 향한 이아손의 도전

피네우스 왕의 예언

아르고 호가 트라키아 왕국에 도착했을 때의 일이에요. 그곳의 왕인 피네우스는 눈이 보이지 않았지만 예언 능력을 가지고 있었어요. 그런데 왕에게는 고민이 하나 있었어요. 바로 고약한 냄새를 풍기며 왕의 음식을 죄다 빼앗아 먹는 먹보 괴물 때문이에요. 아르고 호 탐험대가 괴물을 멀리 쫓아 주자, 왕이 고맙다며 예언을 하나 해 주었어요.

"바다 입구에 서로 부딪히는 두 개의 바위섬이 있습니다. 그래서 그 사이를 지나가는 배는 산산조각이 나지요. 아르고 호도 산산조각이 날 운명이지만 제가 알려 드리는 방법대로만 하면 무사할 겁니다."

얼마 뒤, 아르고 호가 바위섬에 도착했어요.

피네우스 왕이 알려 준 대로 우선 바위섬 쪽으로 비둘기를 날려 보냈어요. 비둘기는 꼬리 깃털을 조금 잃었을 뿐 바위섬 사이를 무사히 빠져나갔어요. 그 틈을 타 아르고 호 탐험대가 열심히 노를 저었어요. 아르고 호가 거의 빠져나왔을 무렵, 바위섬끼리 세게 부딪혔어요. 다행히 배의 뒷부분만 조금 부서졌을 뿐 모두 무사했답니다.

아이에테스 왕의 어려운 시험

아르고 호 탐험대가 드디어 콜키스 왕국에 도착했어요.
이아손은 당장 아이에테스 왕을 찾아가 자신이 왕이 되려면 황금 양가죽이 필요하다고 말했어요. 하지만 왕은 자신의 보물을 주고 싶지 않았어요.
그는 꾀를 내어 깊은 곳에 보관해 둔 '용의 이빨'을 건넸어요.
"먼저 불 뿜는 황소로 밭을 가시오. 그 뒤, 이 이빨을 뿌려 나타난 병사와 싸워 이기시오. 그러면 황금 양가죽을 주겠소."

생각보다 어려운 시험을 풀어야 하는 이아손과 아르고 호 탐험대는 당황해 어쩔 줄 몰랐어요. 그때 아이에테스 왕의 딸이자 유명한 마법사인 메데이아가 그들을 돕겠다고 했어요. 사실 메데이아는 이아손의 늠름한 모습을 보고 첫눈에 반했거든요. 이아손 역시 메데이아에게 반했고, 둘은 결혼을 약속했답니다. 메데이아는 이아손에게 불을 뿜는 황소와 용의 이빨에서 나온 병사를 다스릴 방법을 알려 주었어요.

불을 뿜는 황소와 용의 이빨

이아손은 침착하게 황소를 기다렸어요. 잠시 뒤, 쇳물 끓는 소리와 함께 하얀 김이 펄펄 나는 황소가 나타났어요. 황소는 바로 이아손에게 달려들었어요. 황소가 지나는 자리마다 불길이 타올랐지요. 이아손은 황소를 피하지 않고 메데이아가 알려 준 주문을 외웠어요. 그러자 황소가 걸음을 멈추었어요.

그 틈에 이아손이 황소에게 멍에를 씌워 밭을 갈게 했어요.

이아손은 밭 갈기에 성공한 뒤, 용의 이빨을 뿌렸어요. 그러자 무기를 든 병사들이 나타나 덤벼들었어요. 싸울수록 병사의 수는 늘어나기만 했어요. 이번에도 메데이아가 가르쳐 준 대로 돌 하나를 주워 병사들 사이로 던졌어요. 그러자 병사들끼리 싸우기 시작하더니 모두 죽고 말았어요. 그 모습을 본 백성들이 이아손에게 박수를 쳐 주었어요.

★멍에 수레나 쟁기를 끌기 위해 소 목에 얹는 구부러진 막대예요.

황금 양가죽을 들고 고향으로!

아이에테스 왕은 어쩔 수 없이 약속한 황금 양가죽을 줘야 했어요. 하지만 황금 양가죽을 지키고 있는 잠들지 않는 용이 문제였지요. 그 용을 잠재워야만 황금 양가죽을 얻을 수 있었거든요. 하지만 이아손은 걱정하지 않았어요. 메데이아가 준 마법의 약이 있었기 때문이에요. 이아손이 약을 뿌리자, 용은 스르르 깊은 잠에 빠져들었어요. 이아손은 드디어 꿈에 그리던 황금 양가죽을 손에 넣었어요.

아르고 호 탐험대는 이아손이 황금 양가죽을 가지고 나타나자 기뻐서 어쩔 줄 몰랐어요. 이제 모든 모험을 마치고 고향으로 돌아갈 수 있게 되었지요. 한편 이아손은 아이에테스 왕에게 메데이아와의 결혼을 허락받았어요. 메데이아는 이아손과 함께 아르고 호에 탔어요. 배는 이올코스 왕국을 향해 힘차게 출발했답니다.

이아손과 메데이아의 어긋난 운명

메데이아의 마법으로 건강해진 아버지

드디어 이아손이 이올코스 왕국의 왕이 되었어요. 메데이아와 결혼식도 올렸지요. 그런데 결혼식에 아버지 아이손이 오지 않았어요. 나이가 들어 걸을 힘조차 없었기 때문이에요. 이아손은 너무 마음이 아파, 메데이아에게 마법으로 자신의 생명을 아버지에게 나누어 달라고 부탁했어요. 메데이아는 이아손의 부탁을 들어주기로 했어요.

보름달이 뜬 날 밤, 메데이아가 마법의 약초를 달라고 기도했어요.
기도를 들은 여신들이 날개 달린 용이 끄는 수레를 보내 주었어요.
메데이아는 그 수레를 타고 9일 동안 약초를 찾아다녔어요. 약초를 찾은
메데이아는 죽음의 신, 하데스에게 '아이손 님을 저승으로 데려가지 말아
주세요.'라고 기도했어요. 메데이아는 커다란 솥에 마법의 약초,
올빼미 날개, 까마귀 부리, 거북껍데기 등을 넣었어요. 펄펄 끓는 솥 안은
초록색 물로 가득했어요. 메데이아는 힘없이 누운 아이손에게 약물을
주었어요. 약물을 마신 아이손은 다시 건강해졌어요.

부부에게 불행이 찾아왔어요

이아손과 메데이아에게 불행이 찾아왔어요.
이아손이 코린토스의 공주인 글라우케에게 반해, 메데이아와 헤어지려고 했기 때문이에요.
이아손에게 배신당한 메데이아는 복수를 결심했어요. 먼저 글라우케에게 결혼 선물이라며 화려하고 예쁜 옷을 보냈어요. 하지만 그 옷에는 독약이 잔뜩 묻어 있었지요. 그 옷을 입은 글라우케는 죽고 말았답니다. 메데이아의 복수는 그것으로 끝이 아니었어요. 이아손의 재산과 두 사람의 추억을 모조리 불태웠어요. 그 뒤 메데이아는 아테네로 떠나 버렸지요.

아르고 호의 영웅들

모든 것을 잃은 이아손은 그제야 자신의 잘못을 깨달았어요.
그는 죄를 뉘우치며 온 세상을 떠돌아다녔지요. 얼마나 헤맸을까요?
오랜 시간이 지나, 낡아 버린 아르고 호를 발견했어요. 이아손은 아르고 호
영웅들과 함께 용감하게 바다를 누비던 시절이 그리웠지요. 이아손은
아르고 호에 올라 눈을 감고 누웠어요. 그때였어요! 배 기둥이 와르르
무너져 내렸어요. 그렇게 영웅 이아손은 아르고 호와 함께 마지막을
맞이했답니다.

고대 그리스의 천문학자, 프톨레마이오스

화창한 봄, 남쪽 밤하늘에는 아르고자리가 보여요. 이아손과 수많은 영웅이 타고 모험했던 아르고 호 별자리이지요. 아르고자리는 고물자리, 돛자리, 용골자리, 나침반자리 이렇게 네 개로 이루어져 있어요. '고물'은 배의 뒤쪽, '용골'은 배의 중심을 잡아 주는 기둥을 말해요. 그렇다면 먼 옛날, 별자리를 찾아낸 사람은 누구일까요? 바로 고대 그리스의 천문학자인 프톨레마이오스예요.

저 하늘에 수많은 별자리가 있다는 걸 아시오?

↱ 프톨레마이오스

그는 아르고자리 외에 48개의 별자리에 대해 관찰하고 정리했어요. 뿐만 아니라 달과 해에 대한 연구도 했지요. 그가 쓴 책 〈알마게스트〉는 너무나 유명하지요. 그의 연구는 다른 천문학자들뿐 아니라, 후세의 학자들에게도 많은 영향을 주었어요. 지구가 태양을 돌고 있다는 것을 밝혀낸 위대한 천문학자인 코페르니쿠스 역시 그의 영향을 받았다고 해요.

아르고 호의 작은 영웅들

배밖에 모르는 천재, 아르고스

옛날에는 배 크기가 작고 기술도 부족해서 뱃사람들이 불편을 겪거나 사고를 자주 당했어요.

어느 날, 아르고스는 뱃사람이 실수로 노를 놓쳐, 노가 물에 떠내려가는 것을 보았어요. 그는 노 손잡이와 노 젓는 사람의 의자를 가죽 끈으로 꽁꽁 묶었어요. 그러자 손을 떼도 노가 떠내려가지 않았죠. 사람들이 그의 생각에 칭찬을 아끼지 않았어요. 아르고스의 나이 겨우 열두 살 때의 일이에요.

아르고스는 늘 배 만드는 일에 푹 빠져 있었어요.

배 만드는 것처럼 재미있는 건 없지!

아르고 호의 영웅들

청년이 된 아르고스는 한층 더 뛰어난 발명품들을 만들었어요. 배 방향을 쉽게 바꾸기 위해 키에 동그란 손잡이를 달기도 하고, 바람이 불 때 저절로 빙글빙글 돌면서 각도를 바꾸는 돛도 만들었답니다. 사람들은 아르고스를 '배 만드는 명장★'이라고 불렀지요. 아르고스는 언제나 배 생각뿐이었고, 크고 멋진 배를 만들겠다는 꿈으로 가득했어요. 드디어 그는 자신의 이름을 딴 아르고 호를 완성했답니다.

★**명장** 뛰어난 기술을 가진 사람을 말해요.

아르고 호의 길을 안내한 린케우스

린케우스는 남들보다 눈이 훨씬 좋았어요. 그래서 아르고 호 탐험대가 바닷길을 잘 찾을 수 있도록 배의 눈이 되어 주었지요. 그는 한밤중에도 대낮처럼 밝게 볼 수 있을 뿐 아니라, 먼 곳에 있는 것과 심지어 아주 깊은 땅속에 묻힌 보물까지 찾아냈답니다. 그래서 그를 '최초의 광부'라고 부르기도 하지요.

린케우스는 이다스라는 쌍둥이 형과 함께 아르고 호에 올랐어요. 사촌 카스토르와 폴리데우케스 쌍둥이 형제도 함께 떠났지요. 그런데 사촌끼리 서로 죽고 죽이는 싸움이 벌어졌어요. 카스토르와 린케우스가 같은 여자를 사랑하게 되었기 때문이에요. 린케우스는 좋은 눈을 사용해 카스토르 형제를 끝까지 뒤쫓았지만 끝내 싸움에서 져 목숨을 잃었어요.

아르고 호가 궁금해요!

내로라하는 영웅을 무려 50명이나 태운 아르고 호는 어떤 모습이었을까요? 옛날 그리스의 파가사이 항구에서 아르고 호와 비슷한 배를 만든 적이 있어요. 무려 30미터나 되는 나무를 배의 뼈대로 사용했지요. 노 젓는 자리는 양쪽에 25개씩 두어 총 50개였어요. 그리고 3미터 높이의 돛대를 세웠지요. 아르고 호의 돛대는 아테나 여신의 신전에 있던 박달나무로 만들었다고 전해져요. 이 돛대는 사람의 말을 알아들을 뿐 아니라, 스스로 말도 할 수 있었다고 해요. 그래서 아르고 호가 위험에 빠질 때마다 알려 주었지요. 이 나무를 베어온 신은 아테나 여신이에요. 배를 만든 아르고스의 수호신이 바로 아테나 여신이었거든요. 이렇듯 신의 도움과 아르고스의 노력으로 만들어진 아르고 호는 모험도 멋지게 성공했답니다.

불행한 왕자, 멜레아그로스

타오르는 장작과 멜레아그로스의 운명

멜레아그로스는 칼리돈의 왕자로 태어났어요. 그가 태어나자 운명의 여신이 찾아와 예언했어요.

"지금 난로 속에서 타고 있는 장작이 다 타면 아이는 죽을 거예요."

왕비가 깜짝 놀라 난로에서 장작을 꺼내 불을 끄고 상자에 담아 깊숙한 곳에 숨겼어요. 그 뒤, 멜레아그로스는 건강하게 자라 청년이 되었어요.

이 장작을 숨겨 두면 내 아들이 무사할 거야.

괴물 멧돼지가 쳐들어왔어요

칼리돈의 왕은 해마다 신들에게 제물을 바쳤어요. 그러던 중, 깜빡 잊고 아르테미스에게만 제물을 바치지 않았어요. 화가 난 아르테미스가 괴물 멧돼지를 칼리돈으로 보냈어요. 멧돼지의 눈에서는 불이 뚝뚝 떨어지고 털은 창처럼 꼿꼿이 서 있었어요. 어금니도 무척 컸지요. 멧돼지는 곡식을 짓밟고 나무를 엉망으로 만들었으며, 가축들을 모두 죽였어요. 칼리돈에 사는 사람들은 두려움에 벌벌 떨었어요.

영웅들이 사냥하러 왔어요

멜레아그로스는 혼자서는 도저히 멧돼지를 잡을 수 없었어요. 그래서 전 세계 영웅들에게 편지를 보냈어요. 멧돼지 사냥을 함께하자는 내용이었지요. 그의 편지를 받은 수많은 영웅이 몰려들었어요. 그중에는 아탈란테라는 여자 사냥꾼도 있었어요. 멜레아그로스는 용감한 그녀에게 홀딱 반해 버렸어요.

아르고 호의 영웅들

드디어 멧돼지 사냥이 시작되었어요. 먼저 사냥개들이 멧돼지를 공격했지만 모두 나가떨어지고 말았어요. 이제 영웅들이 직접 활과 창을 들고 나가 용맹하게 싸웠어요. 하지만 괴물 멧돼지를 잡기란 쉽지 않았어요. 마침내 멜레아그로스가 창을 들고 멧돼지를 향해 다가갔어요. 세 번의 도전 끝에 멧돼지를 죽이는 데 성공했어요.
모두가 힘을 합친 결과였지요. 하지만 멜레아그로스는 이 모든 공을 아탈란테에게 돌리고 승리의 기념인 멧돼지 가죽도 그녀에게 주었어요. 그러자 사냥에 참가했던 영웅들이 몹시 화가 났어요.

아들을 용서할 수 없어요

가장 화가 난 사람은 멜레아그로스의 외삼촌인 플렉시포스와 톡세우스였어요. 둘은 아탈란테에게서 멧돼지 가죽을 빼앗아 버렸지요. 사랑에 눈이 먼 멜레아그로스는 외삼촌들을 공격해 죽게 만들었어요. 그 소식을 들은 왕비는 큰 충격에 빠졌어요. 아들이 동생들을 죽였다는 사실을 믿을 수가 없었지요.

왕비는 아들을 도저히 용서할 수 없었어요. 그래서 꼭꼭 숨겨 두었던 장작을 꺼내 들었어요. 그리고 불구덩이 속으로 장작을 던져 버렸지요. 그 순간 멜레아그로스는 엄청난 고통과 함께 몸이 불타기 시작했어요. 장작이 모두 불타자, 멜레아그로스도 한줌의 재로 사라졌어요. 아들을 죽게 만든 왕비도 스스로 목숨을 끊고 말았답니다.

영원히 함께한 쌍둥이 형제

알에서 태어난 쌍둥이

스파르타 왕국의 왕비 레다는 아름답기로 유명했어요. 제우스 역시 레다의 아름다움에 빠졌지요. 하지만 레다는 이미 결혼을 했기 때문에 다가갈 방법이 없었어요. 제우스는 좋은 방법을 떠올렸어요. 레다가 정원에서 꽃을 보고 있을 때였어요. 그때 아름다운 백조 한 마리가 정원으로 날아들었어요. 레다는 제우스가 백조로 변신한 것도 모르고 백조에게 반하고 말았어요. 몇 달 뒤, 레다는 백조 알을 낳았어요.

알에서 쌍둥이 형제가 태어났어요. 쌍둥이 형제의 이름은 카스토르와 폴리데우케스예요. 그들은 용감하고 씩씩한 청년으로 자라났어요. 어느 날, 누나인 헬레네가 납치당하는 일이 일어났어요. 쌍둥이 형제는 당장 달려가 수많은 군대와 싸웠어요. 그리고 무사히 헬레네를 구해 냈답니다.

쌍둥이 형제는 재주가 많았어요

카스토르와 폴리데우케스는 재주가 많았어요. 카스토르는 거친 말을 잘 다뤘고, 폴리데우케스는 권투를 잘했지요. 사람들은 바다에서 폭풍우를 만나면 쌍둥이 형제의 이름을 부르기도 했어요.
그러면 바로 폭풍우가 멈추고 별이 총총 빛났지요. 그래서 사람들은 카스토르와 폴리데우케스를 수호신으로 섬겼어요. 쌍둥이 형제의 능력은 그것만이 아니었어요. 전쟁 중에 이름을 부르면 어디서든 백마를 타고 나타나 전쟁을 도왔어요. 옛날 로마 시대에 일어난 레길루스호 전투에서도 쌍둥이 형제가 나타나 로마 군대를 도왔어요. 그 덕분에 로마가 승리했어요.

아르고 호의 영웅들

쌍둥이 형제의 돈독한 우애

카스토르와 폴리데우케스는 언제나 함께했어요. 그들은 아르고 호 탐험대가 되어 모험을 하고 수많은 전투도 용감하게 나섰지요. 쌍둥이 형제는 함께라면 두려울 것이 없었어요. 그러던 어느 날, 또 다른 쌍둥이 형제인 이다스, 린케우스와 싸움을 하게 되었어요.

너희 우애에 감동 받았다.

제 목숨을 드릴 테니 카스토르를 살려 주세요!

린케우스 형제의 힘은 엄청났어요.
카스토르는 그들에 맞서 싸우다가 그만 죽고 말았어요. 폴리데우케스가
눈물을 흘리며 아버지 제우스를 찾아갔어요.
"아버지, 제 목숨을 내놓을 테니 카스토르를 살려 주세요."
제우스는 쌍둥이 형제의 우애에 큰 감동을 받았어요. 그래서 쌍둥이 형제를
모두 살려 주었어요. 하지만 생명을 전부 주지는 않아, 두 형제는
이승과 저승을 하루씩 번갈아 오가며 살았어요. 훗날 쌍둥이 형제는
쌍둥이자리가 되어 영원히 함께했어요.

우주로 날아간 쌍둥이 우주선, 제미니

쌍둥이자리는 그리스 말로 '게미니'라고 해요. 영어 발음으로는 '제미니'예요. 제미니는 5월 21일에서 6월 21일 사이에 태어난 쌍둥이자리 사람을 가리키기도 해요. 그리고 한 우주선의 이름이기도 해요.

1969년, 아폴로 우주선이 달에 착륙한 사실을 알고 있나요?

달에 가는 일은 어렵고도 위험하기 때문에 수없이 많은 노력과 시험이 필요했어요. 1966년까지 그 시험을 한 우주선이 바로 제미니랍니다.

제미니 우주선이 없었다면 달 착륙도 힘들었을 거야!

제미니 우주선

제미니는 전체 길이 5.8미터, 지름 3미터, 무게는 3,810킬로그램이에요.
제미니 우주선으로 시험한 결과, 우주에서 우주선끼리 결합하고,
우주에서 잘 지낼 수 있다는 걸 알 수 있었어요.
제미니에는 두 명의 우주비행사가 탔고, 열두 번 정도 시험을 했어요.
우주비행사들은 이 시험을 통해서 많은 것을 배우고 경험했어요. 달 착륙에
성공한 아폴로 우주선 뒤에는 제미니 우주선이 있었다는 사실, 잊지 마세요.

테세우스의 위험한 모험

아버지를 찾아 떠난 테세우스

테세우스는 아테네의 왕 아이게우스와 트로이젠의 공주 아이트라 사이에서 태어났어요. 아이게우스는 테세우스가 태어나기 전에 아테네로 돌아가야 했어요. 그래서 자신의 칼과 신발을 큰 바위 밑에 넣어 두고 아들이 바위를 들어 올릴 만큼 자라면 아테네로 오게 하라고 말했어요. 세월이 흘러 테세우스는 늠름한 청년이 되었어요.

아이트라는 테세우스를 데리고 큰 바위 앞으로 갔어요. 테세우스는 망설임 없이 바위를 단숨에 들어 올렸지요.

아버지의 칼과 신발을 찾은 테세우스는 아테네로 떠났어요. 하지만 그 길은 강도와 괴물이 많아 매우 위험했지요. 아이트라는 테세우스에게 위험한 땅이 아닌 바다를 통해 편하게 가라고 했어요.
하지만 테세우스는 용기와 희망으로 가득 찬 청년이었어요.
그는 헤라클레스처럼 멋진 영웅이 되어 사람들의 존경과 사랑을 받고 싶었지요. 그래서 일부러 위험한 길을 선택했어요.

몽둥이 사나이를 무찔렀어요

길을 떠난 첫날, 테세우스는 에피다우로스라는 곳에 도착했어요. 이곳은 대장장이 신 헤파이스토스의 아들인 페리페테스가 살고 있었어요. 그는 커다란 몽둥이를 들고 여행자를 괴롭히기로 유명했지요. 돈과 물건을 빼앗는 것은 물론 몽둥이로 때려 죽게 만들었지요. 여행자들은 무서운 페리페테스의 눈에 띄지 않기를 바랐어요. 하지만 테세우스는 페리페테스와 싸우는 게 두렵지 않았어요.

테세우스를 발견한 페리페테스가 몽둥이를 휘두르며 무섭게 달려들었어요. 테세우스는 날쌔게 몸을 피했지요. 그리고 몽둥이를 빼앗아 페리페테스를 내리쳤어요. 자신의 무기에 공격당한 페리페테스는 그대로 쓰러지고 말았어요. 이제 페리페테스의 몽둥이는 테세우스의 것이 되었어요. 테세우스는 이 몽둥이로 나쁜 악당과 괴물을 물리쳤답니다.

목숨을 빼앗는 무서운 침대

테세우스가 다음으로 만난 악당은 프로크루스테스예요. 그의 이름은 '늘이는 자'라는 뜻이었어요. 왜 그런 이름이 붙었을까요? 프로크루스테스는 산속을 지나는 사람을 자기 집으로 초대했어요. 그리고 그 사람을 침대에 꽁꽁 묶었지요. 침대 길이보다 팔다리가 짧으면 쭉 잡아당겨 늘였어요. 만약 침대 길이보다 팔다리가 길면 싹둑 잘라 버렸고요.

테세우스가 당장 그의 집으로 쳐들어갔어요. 그리고 몽둥이로 프로크루스테스를 잡았어요.
테세우스는 프로크루스테스가 사람들에게 했던 방법대로 그를 침대에 꽁꽁 묶고 똑같은 벌을 주었어요. 테세우스가 악당을 무찌른 뒤, 마을 사람들은 편안하게 살 수 있었어요.

무시무시한 도둑들을 잡았어요

테세우스의 모험은 계속되었어요. 테세우스가 코린토스라는 곳에 도착했을 때 산적 시니스가 앞을 가로막았어요. 시니스는 나그네를 나무에 묶은 뒤, 새총 쏘듯 힘껏 튕겨 죽게 만들었어요. 돈도 몽땅 빼앗고요. 시니스는 테세우스를 붙잡으려 했지만 오히려 자신이 붙잡혔어요. 그는 자신이 나그네들에게 했던 것처럼 나무에 묶여 저 멀리 날아가 버렸답니다.

아르고 호의 영웅들

시니스를 무찌른 테세우스는 어느 바닷가 마을에 도착했어요.
그 마을에는 도둑 스키론이 살고 있었어요. 그는 나그네의 돈을 빼앗고
자신의 발을 씻게 했어요. 그런데 나그네가 발을 씻기려고 무릎을 꿇는 순간,
발로 뻥 걷어찼어요. 그러면 나그네는 낭떠러지 아래로 떨어져 바다에 풍덩
빠져 죽고 말았지요. 그 사실을 알게 된 테세우스가 스키론을 발로 뻥,
차 버렸답니다. 바다에 빠진 스키론은 그대로 거북의 밥이 되었어요.

121

씨름 왕에게 도전한 테세우스

이제 엘레우시스만 지나면 꿈에 그리던 아테네에 도착할 수 있었어요. 하지만 엘레우시스의 왕 케르키온은 테세우스를 쉽게 보내 주지 않았어요. 케르키온은 힘이 굉장히 세고 용감해 찾아오는 사람들과 씨름을 자주 했어요. 씨름에서 진 사람은 목숨을 잃었지요. 테세우스도 케르키온과 씨름을 하게 됐어요. 테세우스는 왕의 허리를 잡고 번쩍 들어 바닥에 내동댕이쳤어요. 테세우스는 엘레우시스의 새로운 왕이 되었답니다.

아테네에 도착한 테세우스

왕비 메데이아의 나쁜 꾀

아테네의 왕비 메데이아는 테세우스가 온 것을 알게 됐어요. 그녀는 아이게우스 왕을 마법으로 유혹해 왕비가 되었어요. 그런데 다른 여자가 낳은 왕의 아들이 나타나자 너무 싫었어요. 그가 장차 아테네를 다스릴 왕이 될지도 모르니까요. 그래서 메데이아는 끔찍한 계획을 세웠어요.

"어느 청년이 찾아와 자기가 왕의 아들이라고 거짓말을 하면 독이 든 술을 먹이세요."

아무것도 모르는 아이게우스는 메데이아의 말을 듣고 독이 든 술을 준비했어요.

그리운 아버지와 만난 테세우스

아이게우스 왕을 만난 테세우스는 떨리는 마음으로 자신이 왕의 아들이라는 사실을 털어놓았어요. 아이게우스는 테세우스의 말을 믿는 척하며 독이 든 술을 주었어요. 테세우스는 의심 없이 술을 받아 마시려 했어요. 바로 그때, 아이게우스의 눈에 테세우스가 찬 칼이 보였어요. 자신이 아들에게 남긴 칼이 분명했지요. 아이게우스는 재빨리 술잔을 쳐 바닥에 떨어뜨렸어요. 이 일로 메데이아는 궁에서 쫓겨났고, 테세우스는 아테네의 왕자가 되었어요.

아테네를 위해 희생했어요

아테네에는 큰 고민이 있었어요. 크레타 왕국에서 해마다 처녀와 총각 일곱 명씩을 보내라고 했기 때문이에요. 크레타 왕국에는 반은 황소이고 반은 사람인 괴물 미노타우로스가 미로에 갇혀 있었어요. 처녀, 총각은 미노타우로스에게 바치는 제물이었지요. 테세우스는 미노타우로스를 무찌르기 위해 직접 제물이 되기로 했어요. 미노타우로스를 무찌른다 해도 복잡한 미로를 빠져나갈 길이 막막했어요. 그러나 테세우스는 아테네를 위해 용감히 나섰지요.

아버지와의 약속을 잊었어요

크레타 왕국에 도착한 테세우스는 아리아드네 공주를 만났어요.
용감한 테세우스에게 반한 아리아드네는 칼과 실타래를 건네주었어요.
복잡한 미로에서 길을 잃지 않게 실을 풀면서 들어가 칼로 괴물을
무찌르라는 의미였지요. 아리아드네의 도움으로 테세우스는 미노타우로스를
무찌르고 무사히 미로도 빠져나왔어요.

아르고 호의 영웅들

에게 해

미노타우로스를 없앤 테세우스가 아테네로 돌아가기 위해 배에 탔어요. 그가 탄 배에는 검은 돛이 높이 펄럭이고 있었어요. 그런데 테세우스가 깜빡 잊은 것이 있었어요. 그건 바로 무사히 돌아갈 경우 하얀 돛으로 바꾸기로 한 아버지와의 약속이었지요. 검은 돛으로 돌아간다면 테세우스가 죽었다는 의미였어요. 테세우스를 기다리던 아이게우스는 검은 돛을 보자 절망에 빠졌어요. 아이게우스는 슬픔을 이기지 못하고 바다에 몸을 던졌지요. 그때부터 이 바다는 아이게우스의 바다라는 의미로 '아이가이온'이라고 불렸어요. 이곳이 바로 '에게 해'랍니다.

127

영원한 우정을 맹세했어요

테세우스는 아테네의 새로운 왕이 되었어요. 백성들은 테세우스를 존경하며 따랐지요. 그러던 어느 날, 큰 소동이 벌어졌어요. 소 떼를 훔치려는 도둑이 들어왔기 때문이에요. 그 도둑은 영리하고 싸움도 잘하는 페이리토오스였어요. 테세우스는 소를 빼앗기지 않기 위해 당장 달려갔어요.

당신처럼 늠름한 사내는 처음이오!

페이리토오스는 늠름한 테세우스가 마음에 꼭 들었어요. 소를 빼앗으려던 것도 잊은 채 무기를 내려놓고 원하는 대로 하라고 했지요. 그러자 테세우스도 페이리토오스의 용기에 감동했어요.
"당당하고 멋진 당신과 친구가 되고 싶소."
두 사람은 영원한 우정을 맹세하고 수많은 전투에 함께 나가 싸웠어요. 그들은 서로의 신붓감을 찾기 위해 애쓰는 등 어떤 일이든 함께했어요. 우정은 언제나 한결같았어요.

영웅이 허무하게 떠났어요

테세우스는 첫 번째 아내가 죽자, 두 번째 아내를 맞았어요.
하지만 두 번째 아내 파이드라가 엉뚱한 사랑에 빠지고 말았어요.
바로 테세우스의 아들인 히폴리토스에게 반해 버린 거예요.
하지만 히폴리토스는 새어머니의 고백을 받아들이지 않았어요.
파이드라는 화가 나서 "히폴리토스가 저를 못살게 굴었어요." 하고
거짓말했어요. 거짓말에 속은 테세우스가 히폴리토스를 내쫓았어요.

아르고 호의 영웅들

테세우스는 아들을 내쫓은 뒤, 점점 변해갔어요. 나랏일도, 백성도 전혀 돌보지 않았지요. 화가 난 백성들이 테세우스를 아테네에서 몰아냈어요. 테세우스는 스키로스의 왕, 리코메데스를 찾아가 도움을 청했어요. 그러나 아테네를 탐내던 리코메데스는 테세우스의 목숨을 빼앗았어요.

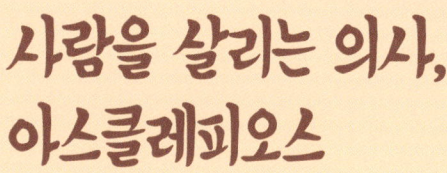

사람을 살리는 의사, 아스클레피오스

의사가 되고 싶어요

아스클레피오스의 아버지는 태양의 신 아폴론이고, 어머니는 인간인 코로니스 공주예요. 둘은 아폴론의 흰 까마귀를 통해 소식을 전하며 사랑을 키웠지요. 그러던 어느 날, 아폴론이 까마귀로부터 충격적인 소식을 들었어요. 코로니스 공주가 다른 남자를 만난다는 거였어요.
화가 난 아폴론은 저주를 내려 공주를 죽이고 말았어요. 하지만 뱃속에 있던 아기만큼은 살려 주었지요. 그 뒤, 모든 사실을 고자질한 흰 까마귀도 온몸이 검게 변하는 벌을 받았어요.

아폴론은 아기에게 '매우 자비롭다'라는 뜻으로 아스클레피오스라는 이름을 지어 주었어요. 아폴론은 아들이 뛰어난 능력을 갖길 원했어요. 그래서 현명한 켄타우로스족의 케이론에게 부탁해 병을 치료하고 약을 만드는 방법을 가르쳤어요. 아스클레피오스는 열심히 공부했고 뛰어난 의사가 되었어요.

병을 낫게 하는 뱀 지팡이

어느 날, 크레타 왕국의 왕자가 꿀통에 빠졌어요. 왕비는 급히 아스클레피오스를 불렀지만, 왕자는 이미 죽었지요. 모두가 안절부절못하고 있을 때 뱀 한 마리가 나타났어요. 깜짝 놀란 아스클레피오스가 지팡이로 뱀을 내리쳐 죽였어요. 그때 다른 뱀이 약초를 물고 오더니 죽은 뱀 위에 올려놓았어요. 그러자 죽은 뱀이 다시 살아났어요. 아스클레피오스가 급히 그 약초를 왕자의 몸에 댔어요. 왕자 역시 다시 살아났답니다. 그때부터 아스클레피오스는 지팡이에 뱀을 감아 가지고 다녔어요. 그 뒤, 뱀 지팡이는 '병을 치료하여 낫게 하고, 다시 살아나게 한다.'라는 뜻을 지니게 되었답니다.

세계보건기구 심벌(상징)
아스클레피오스의 뱀 지팡이가 세계보건기구의 상징이 되었어요.

하데스의 미움을 받았어요

아스클레피오스에게는 두 개의 신비로운 약병이 있었어요. 하나는 죽은 사람을 살리는 약이고, 다른 하나는 단번에 사람을 죽이는 약이었어요. 그는 늘 살리는 약만 사용해 많은 생명을 구했어요. 그런데 죽음의 신 하데스는 아스클레피오스의 능력이 못마땅했어요. 사람을 살리고 죽이는 것은 하데스의 일이었기 때문이에요.

하데스는 제우스에게 아스클레피오스가 신의 일을 방해한다고 일렀어요.
그 말을 들은 제우스는 아스클레피오스에게 벼락을 내려 죽게 했어요.
아폴론은 아들이 죽었다는 사실을 알고 제우스에게 벼락을 만들어 준
괴물 키클롭스를 찾아가 복수했어요.
제우스는 아폴론에게 1년 동안 어떤 왕의 하인이 되는 벌을 내렸어요.
아폴론은 묵묵히 죗값을 치렀답니다.

여기 커다란 날개로 하늘을 날아다니는 말이 있어요.

아름답고 신비로운 하늘의 말, 페가수스의 이야기랍니다. 코린토스 왕국의 왕자,
벨레로폰은 괴물 키마이라를 물리쳐야 했어요. 그런데 키마이라와 싸우기 위해서는
페가수스가 꼭 필요했지요. 과연 벨레로폰은 페가수스를 탈 수 있을까요?
페가수스를 타고 괴물과 싸우는 모습을 상상하며,
벨레로폰의 모험을 따라가 볼까요?

용맹한 벨레로폰, 하늘을 날다

위기에 빠진 벨레로폰

히포누스가 이름을 바꿨어요

코린토스 왕국에 왕자가 태어났어요. 모두가 왕자의 탄생을 축하했지요. 하지만 이 아기에겐 비밀이 있었어요. 이 아기의 아버지는 바다의 신 포세이돈이었어요. 그런데 코린토스 왕이 대신 키우며 히포누스라는 이름까지 지어 주었어요. 히포누스는 신의 아들답게 용감하고 씩씩하게 자랐어요. 그는 말을 타고 산과 들판을 뛰어다니며 사냥하는 것을 무척 좋아했어요.

용맹한 벨레로폰, 하늘을 날다

어느 날, 히포누스가 사냥을 하다 숲속에서 그림자 하나를 발견했어요.
그는 말 그림자라고 생각하고 화살을 쐈어요.
하지만 화살에 맞은 것은 말이 아니라, 벨레로스라는 사람이었어요.
왕은 사람을 죽인 히포누스를 용서할 수 없었어요. 히포누스 역시 잘못을
뉘우치며 자신의 죄를 평생 기억하기 위해 이름을 벨레로폰으로 바꿨어요.
벨레로폰은 '벨레로스를 죽인 자'라는 뜻이에요. 벨레로폰은 사람을
죽인 벌로 왕국에서 쫓겨나고 말았어요.

왕비의 새빨간 거짓말

벨레로폰은 세상을 떠돌다가 티린스 왕국에 도착했어요. 티린스의 왕 프로이토스는 벨레로폰의 딱한 사정을 듣고 궁전에 있어도 좋다고 허락했지요. 한편 왕비는 잘생기고 사냥도 잘하는 벨레로폰이 마음에 쏙 들었어요. 그래서 사랑을 고백했지요. 하지만 벨레로폰은 왕비의 사랑을 받아 주지 않았어요. 자신을 따뜻하게 맞아 준 왕을 배신할 수 없었기 때문이지요. 자존심이 상한 왕비는 왕에게 "벨레로폰이 저를 괴롭히고 유혹했어요."라고 거짓말을 했어요. 아무것도 모르는 왕은 왕비의 말을 철석같이 믿었어요.

벨레로폰이 저를 괴롭히고 유혹해요!

용맹한 벨레로폰, 하늘을 날다

왕은 당장 벨레로폰을 죽이고 싶었지만 그럴 수 없었어요.
이웃 나라 왕자를 함부로 죽일 수 없었기 때문이에요. 그래서 벨레로폰을
해치울 수 있는 방법을 생각하기 시작했어요.

뭐요?
벨레로폰이 은혜를
원수로 갚다니….

벨레로폰의 목숨을 건 모험

벨레로폰을 죽일 계획을 세웠어요

프로이토스 왕은 벨레로폰에게 편지 한 통을 주면서 리키아 왕국에 전달해 달라고 부탁했어요. 리키아 왕국의 왕은 티린스 왕비의 아버지였지요. 벨레로폰은 왕의 편지를 들고 리키아 왕국으로 떠났어요.
리키아의 왕은 편지를 읽고 깜짝 놀랐어요.
'이 청년이 왕비를 못살게 굴고 괴롭혔습니다. 괴물과 싸우게 하여 목숨을 잃게 해 주세요. 그는 아주 용감하니 피하지 않을 것입니다.'

용맹한 벨레로폰, 하늘을 날다

리키아의 왕은 벨레로폰을 죽일 계획을 세웠어요. 리키아 왕국에는 무서운 괴물인 키마이라가 살고 있었어요. 이제껏 그 괴물과 싸워 이긴 사람은 아무도 없었지요. 왕은 벨레로폰에게 키마이라를 물리쳐 줄 용감한 영웅을 찾고 있다고 털어놓았어요. 벨레로폰은 자신이 키마이라와 싸우겠다고 말했어요.

하늘을 나는 말, 페가수스

벨레로폰은 예언자를 찾아가 어떻게 해야 키마이라를 이길 수 있는지 물어보았어요. 예언자는 하늘의 말인 페가수스가 필요하다고 했어요. 페가수스는 영웅 페르세우스가 메두사의 머리를 베었을 때 나온 피가 땅속에 스며들어 태어났어요. 그런데 커다란 날개로 하늘을 자유롭게 날아다닐 수 있기 때문에 어디에 있는지 아무도 몰랐어요. 막막한 벨레로폰은 아테나 신전에 가서 도움을 청하기로 했어요.

열심히 기도하던 벨레로폰이 깜빡 잠이 들었어요. 그때 아테나 여신이 꿈에 나타나 "페가수스는 페이레네 샘에서 물을 마신다. 자, 이 황금 고삐로 잡거라."라고 했어요. 잠에서 깬 벨레로폰의 손에 황금 고삐가 쥐어져 있었어요. 벨레로폰은 곧장 페이레네 샘으로 달려갔어요. 아테나의 말처럼 정말로 페가수스가 물을 마시고 있었어요. 그는 황금 고삐로 페가수스를 잡는 데 성공했어요.

벨레로폰이 키마이라를 물리쳤어요

벨레로폰은 페가수스의 등에 올라탔어요. 그러자 페가수스가 커다란 날개를 펄럭이며 하늘로 날아오르더니 키마이라가 있는 곳으로 벨레로폰을 데려갔어요. 키마이라의 머리는 사자와 산양이었고, 꼬리는 용이었어요. 심지어 하늘을 향해 불을 뿜어 댔지요. 벨레로폰이 아무리 화살을 쏘아도 소용없었어요. 화살이 닿기도 전에 불에 타서 없어져 버렸거든요. 뜨거운 불길 때문에 다가가 칼로 벨 수도 없었어요.

용맹한 벨레로폰, 하늘을 날다

하지만 벨레로폰은 포기하지 않았어요. 그는 땅으로 내려가 쇠뭉치를 끌어모아 다시 페가수스 등에 올라탔어요. 키마이라가 또 불을 뿜으려고 입을 벌리자, 벨레로폰은 그때를 놓치지 않고 쇠뭉치를 마구 던졌어요. 쇠뭉치들이 불길에 녹아내리면서 쇳물이 되어 키마이라의 목구멍을 막아 버렸어요. 숨이 막힌 키마이라는 컥컥 대다 쓰러져 죽고 말았어요. 벨레로폰은 하늘을 날며 승리의 함성을 질렀어요.

페가수스와 함께라면 무섭지 않아요

리키아의 왕은 벨레로폰이 키마이라를 물리쳤다는 소식을 듣고 계획을 다시 세웠어요. 이번에는 야만족 솔리모인을 물리쳐 달라고 부탁했어요. 벨레로폰은 페가수스를 타고 날아가 솔리모인을 혼내 주었어요. 그러자 다음에는 활을 잘 쏘는 아마존 사람들과 싸워 이기라고 했어요. 이번에도 벨레로폰이 이겼어요. 벨레로폰이 모든 싸움에서 이기자, 리키아의 왕이 군사를 보냈어요. 하지만 이마저도 실패했지요. 리키아의 왕은 더 이상 벨레로폰을 공격할 자신이 없었어요.

용맹한 벨레로폰, 하늘을 날다

리키아의 왕은 벨레로폰에게 프로이토스 왕의 편지를 보여 주었어요. 그제야 벨레로폰은 자신이 왕비 때문에 위험에 빠졌다는 사실을 알게 되었어요. 벨레로폰은 프로이토스 왕에게 가서 진실을 이야기했어요. 왕은 큰 충격에 빠졌고, 거짓말이 들통난 왕비는 어쩔 줄 몰랐어요. 왕비는 멀리 달아나기 위해 페가수스를 훔쳐 탔어요. 하늘 높이 올라간 페가수스는 자신을 탄 사람이 벨레로폰이 아니라는 걸 알고 심하게 몸부림쳤어요. 결국 왕비는 하늘에서 떨어져 죽고 말았답니다.

신을 무시한 벨레로폰의 최후

리키아 왕국의 왕이 되었어요

리키아 왕은 벨레로폰에게 왕 자리를 물려주기로 했어요. 백성들은 키마이라를 무찌른 영웅이 왕이 되자 너무 기뻤어요. 벨레로폰은 왕의 뜻대로 공주와 결혼식도 올렸어요. 그는 왕이 된 뒤에도 페가수스와 함께 괴물과 악당들을 물리쳤어요. 리키아 왕국은 평화로워졌고 왕의 인기는 하늘을 찔렀어요.

용맹한 벨레로폰, 하늘을 날다

잘난 체하다 벌을 받았어요

벨레로폰은 점점 자신만만해졌어요. 심지어 자신이 신보다 대단하다고 생각하며 신들이 사는 올림포스에서 살아야겠다고 했지요. 벨레로폰은 페가수스를 타고 올림포스를 향해 날아갔어요. 그 모습을 지켜본 제우스가 작은 날벌레를 보냈어요. 날벌레가 페가수스의 목덜미를 깨물자, 놀란 페가수스가 심하게 몸부림쳤어요. 그 바람에 벨레로폰이 하늘에서 떨어지고 말았어요. 벨레로폰은 간신히 목숨을 건졌지만, 평생 다리를 절면서 살아야 했어요.

명화에서 만난 페가수스

영웅을 태우고 하늘을 날은 페가수스는 예술가의 상상력을 자극했어요. 수많은 화가가 페가수스를 그림으로 그렸어요. 17세기 화가인 루벤스 역시 페가수스의 이야기를 그림으로 그렸어요.

루벤스는 그리스 로마 신화를 즐겨 읽으며 그와 관련된 그림을 많이 그렸어요. 〈페르세우스와 안드로메다〉는 페르세우스가 안드로메다를 구하는 장면을 그렸어요. 그림 속에는 메두사 머리로 만든 방패와 메두사의 피에서 태어난 페가수스가 있어요. 〈페가수스를 타고 키마이라를 무찌르는 벨레로폰〉은 제목에서 알 수 있듯이 용감한 벨레로폰이 페가수스를 타고 괴물 키마이라를 물리치는 장면을 담았어요. 영웅 벨레로폰은 비록 잘난 척을 하다 벌을 받았지만, 페가수스와 용감하게 싸우던 모습만은 예술가들의 가슴을 설레게 했답니다.

신화 놀이터

벨레로폰은 하늘을 나는 말 페가수스를 타고 괴물 키마이라를 용감하게 물리쳤어요. 두 그림에는 다른 곳이 다섯 군데 있어요. 찾아서 ○ 해 보세요.

왕자라고 하면 무엇이 떠오르나요? 화려한 궁전에서 신하들을 거느리며 호화롭게 지내는 모습이 상상되지요? 하지만 이 이야기에 등장하는 왕자들은 완전히 다른 삶을 살았어요. 자신의 나라에서 쫓겨나 낯선 곳을 떠돌면서 힘든 일을 겪지요. 하지만 그 고통 속에서 영웅으로 성장해 간답니다. 우아하고 멋진 왕자님이 아닌, 차가운 현실과 맞서 싸우는 왕자들의 모험 이야기를 들어볼까요?

떠돌이 왕자들의 모험

쫓겨난 왕자, 폴리네이케스

떠돌이 왕자들의 모험

형에게 쫓겨났어요!

테베 왕국은 오이디푸스 왕이 다스리고 있었어요. 하지만 그는 자신도 모르게 아버지를 죽이고, 어머니와 결혼하는 죄를 저질렀지요. 오이디푸스는 왕국을 떠나기로 결심했어요. 왕에게는 쌍둥이 왕자인 에테오클레스와 폴리네이케스가 있었어요. 두 왕자가 왕국을 1년씩 번갈아 다스리기로 했지요. 먼저 형인 에테오클레스가 나라를 다스렸어요. 1년 뒤, 동생 폴리네이케스가 왕이 될 차례였어요.
하지만 에테오클레스는 계속 왕이 되고 싶어 동생을 왕국에서 쫓아 버렸어요. 폴리네이케스는 빈손으로 쫓겨나 갈 곳이 없었어요. 그는 여기저기를 떠돌다가 아르고스 왕국에 도착했어요.

사자와 멧돼지에게 시집보내시오!

아르고스의 왕에게는 공주가 둘 있었어요. 왕은 공주들이 결혼할 나이가 되자, 신에게 신랑감을 골라 달라고 기도했어요. 그런데 너무나 엉뚱한 신탁*이 내려왔어요. 공주들을 사자와 멧돼지에게 시집보내라는 것이었어요. 귀한 공주들을 짐승에게 시집보내라니! 왕은 신의 뜻을 도저히 이해할 수 없었어요. 바로 그때, 밖에서 '우당탕!' 하고 요란한 소리가 들려왔어요. 궁전 앞에서 건장한 청년 둘이 싸우고 있었어요.

★**신탁** 사람이 신의 대답을 대신 알려 주는 거예요.

떠돌이 왕자들의 모험

그들은 폴리네이케스와 티데우스였어요. 티데우스도 폴리네이케스처럼 자신의 나라에서 쫓겨나 떠돌던 왕자였어요. 두 사람은 우연히 아르고스 왕국에서 만나 의자 하나 때문에 싸우게 된 거예요. 두 사람을 지켜보던 아르고스의 왕은 깜짝 놀랐어요. 폴리네이케스는 사자 가죽, 티데우스는 멧돼지 가죽으로 만든 옷을 입고 있었기 때문이에요. 왕은 그제야 신탁의 의미를 깨달았어요. 왕은 두 청년과 공주들을 결혼시켰어요. 그리고 두 왕자를 왕으로 만들겠다고 결심했어요.

일곱 명의 장군과 테베 전쟁

일곱 명의 장군이 모였어요

폴리네이케스는 테베 왕국과의 전쟁을 준비했어요.
그는 용감한 장군들을 불러 모았어요. 군사들을 지휘할 장군으로는
아르고스의 왕, 폴리네이케스, 티데우스, 파르테노파이오스, 카파네우스,
히포메돈, 암피아라오스까지 모두 일곱 명이었어요. 폴리네이케스는
출발하기 전에 아버지 오이디푸스를 찾아갔어요. 전쟁에서 이기려면
아버지의 축복을 받아야 한다는 신탁이 있었기 때문이에요. 하지만
오이디푸스는 누구의 편도 들어 줄 수 없었어요. 테베의 왕 에테오클레스도
자신의 아들이기 때문이에요.

아내에게 힘을 얻었어요

일곱 장군 중 하나인 암피아라오스는 마음이 불안했어요.
그는 앞을 내다보는 능력이 있었는데, 점을 쳐 보니 이번 전쟁은
질 게 뻔했거든요. 폴리네이케스는 그가 불안해한다는
사실을 알고, 그의 아내를 찾아갔어요.
"남편이 전쟁에 나갈 수 있도록 도와주세요.
그리고 이건 영원히 늙지 않게 해 주는
하르모니아 여신의 목걸이예요."
아내는 남편에게 용기를 북돋아 주었고,
암피아라오스는 힘을 얻어 전쟁에
나가기로 결심했어요.

아르고스와 테베의 끔찍한 전쟁

마침내 아르고스 왕국과 테베 왕국의 전쟁이 시작되었어요. 테베 왕국에는 일곱 개의 성문이 있었는데 아르고스의 일곱 장군이 각각 하나씩 맡았지요. 하지만 테베의 군인들은 너무도 강했어요. 그런데 파르테노파이오스가 성벽에서 떨어진 큰 돌에 맞아 죽고 말았어요. 그때 카파네우스가 눈물을 삼키며 "제우스도 우리 아르고스를 막을 수 없다!"라고 소리쳤어요. 그 말에 화가 난 제우스가 벼락을 내렸어요.

그 바람에 카파네우스와 암피아라오스가 목숨을 잃었어요.
끔찍한 전쟁터에서 드디어 에테오클레스와 폴리네이케스가 만났어요.
둘은 테베 왕국의 왕 자리를 놓고 팽팽하게 맞섰어요. 하지만 이 전쟁에서
이긴 사람은 없었어요. 둘 다 죽고 말았거든요.
아버지 오이디푸스가 누구의 편도 들어주지 않아, 이긴 사람도 진 사람도
없게 된 거지요. 일곱 명의 장군 중, 아르고스의 왕만 살아남아 자신의
나라로 돌아갔어요.

아버지의 원수를 갚은 에피고노이

아르고스의 왕은 용맹하게 싸우다 죽은 장군들의 장례를 치러 주었어요. 장군들의 아들들은 아버지의 죽음을 슬퍼하며 언젠가 복수하자고 맹세했어요. 전쟁 뒤, 10년이 흘렀어요. 아들들은 기운 넘치는 청년으로 자라났지요. 사람들은 그들을 일곱 장군의 후손이라는 뜻으로 '에피고노이'라고 불렀어요. 에피고노이는 아버지의 원수를 갚기 위해 다시 뭉쳤어요. 대장은 폴리네이케스의 아들인 테르산드로스였어요. 그는 여러 나라에서 군사를 모아 10년 만에 다시 테베와 전쟁을 일으켰어요. 이번에는 에피고노이의 승리였어요. 아버지들의 못다 이룬 꿈을 아들들이 이룬 거예요. 테르산드로스는 테베 왕국의 왕이 되어 백성을 잘 보살피며 행복한 나라를 만들기 위해 노력했어요.

49명을 혼자 물리친 티데우스

멧돼지 가죽으로 만든 옷을 입고 폴리네이케스와 싸우던 티데우스는 누구일까요? 그 역시 사람을 죽인 죄로 나라에서 쫓겨나 떠돌던 왕자예요. 그는 아르고스 왕국의 데이필레 공주와 결혼해 건강한 아들을 낳았어요. 그 아이가 바로, 트로이 전쟁에서 용맹을 떨친 디오메데스랍니다. 테베 전쟁이 시작되기 전의 일이에요. 티데우스는 테베를 찾아가 그곳 사람들과 운동 경기를 했어요. 전쟁을 하기 전 타협을 하기 위해서였죠. 하지만 테베 왕은 시합에서 계속 이기는 티데우스가 얄미웠어요. 그래서 군사 50명을 보내 그를 해치려 했지요. 티데우스는 한 명만 살려 주고 49명을 무찔렀어요. 하지만 테베 전쟁에서 큰 부상을 입고 죽을 위기에 처했지요. 그를 가엾게 여긴 아테나 여신이 그를 불사신으로 만들어 주려 했지만, 암피아라오스의 방해로 죽고 말았답니다. 하지만 훗날, 티데우스의 아들 디오메데스가 테베 전쟁에서 이겨 그의 꿈을 이뤄 주었지요.

디오메데스가 아버지의 꿈을 대신 이뤄 줄 거요.

전차 경주로 왕이 된 펠롭스

신을 시험한 탄탈로스

프리기아의 왕 탄탈로스는 제우스와 요정 플루토 사이에서 태어났어요. 신들은 종종 탄탈로스를 올림포스로 초대하곤 했어요. 그런데 그가 신들과 어울리며 욕심을 부리기 시작했어요. 신들의 음식을 훔치거나 신들의 비밀을 인간들에게 퍼뜨렸지요. 이번에는 신들을 시험해 보고 싶어졌어요. 그래서 자신의 아들 펠롭스의 목숨을 빼앗은 다음, 신들이 그 사실을 알아차리는지 지켜보았어요.

내가 몇 개 가져간다고 알아채지 못할 거야.

떠돌이 왕자들의 모험

신들은 서둘러 펠롭스를 살려 주었어요. 하지만 펠롭스의 어깨뼈 한 조각이 사라지고 없었지요. 제우스는 헤파이스토스에게 코끼리 상아로 뼈를 만들라고 했어요. 그래서 펠롭스의 한쪽 어깨만 하얗게 빛나게 되었지요. 탄탈로스는 신들을 시험한 죄로 지옥에 떨어졌어요. 그리고 영원히 먹지도 마시지도 못하는 벌을 받았어요.

펠롭스가 전차 경주에 도전했어요

피사 왕국에는 아름다운 공주가 있었어요. 이웃 나라 왕자들은 공주와 결혼하기 위해 매일 찾아왔지요. 하지만 피사의 왕은 공주를 시집보내기 싫었어요. 사위의 손에 죽는다는 예언을 들었기 때문이지요. 그래서 왕은 왕자들에게 전차 경주를 하자고 했어요. 경주에서 이기면 공주와 결혼을 허락하지만, 지면 목숨을 내놓으라고 했지요. 하지만 이긴 사람은 한 명도 없었어요.

떠돌이 왕자들의 모험

왕은 경주에서 진 왕자들의 해골을 궁전 벽에 매달아 두었어요. 어느 날, 펠롭스가 피사 왕국에 왔어요. 그 역시 아름다운 공주에 대한 소문을 들었지요. 하지만 전차 경주에서 이길 자신은 없었어요. 그 전차는 바다의 신 포세이돈이 준 말이 끌고 있었거든요. 그 어떤 말도 신이 준 말을 이길 수 없었지요. 펠롭스는 고민을 하다가 한밤중에 왕의 전차 바퀴를 헐겁게 만들었어요. 날이 밝자, 펠롭스가 왕에게 전차 경주를 신청했어요. 반드시 이겨서 공주와 결혼하겠다고 큰소리쳤지요. 왕은 그 도전을 받아들였어요.

드디어 공주와 결혼했어요

전차 경주가 벌어지던 날, 많은 사람이 경기장으로 몰려왔어요. 왕은 무서운 속도로 전차를 몰았어요. 펠롭스의 전차도 바짝 뒤쫓았지요.
그런데 한참을 달리던 왕의 전차가 삐걱대기 시작했어요. 마침내 펠롭스의 전차가 앞서 나갔어요. 왕이 속도를 높이려 할 때였어요. 갑자기 바퀴가 빠지면서 전차가 뒤집어졌어요. 왕은 그대로 목숨을 잃었어요. 사위에게 목숨을 잃는다는 예언이 맞아떨어진 거죠.

떠돌이 왕자들의 모험

경기에서 이긴 펠롭스는 공주와 결혼했고 피사의 왕이 되었어요. 펠롭스는 경기장에 비석을 세웠어요. 그동안 전차 경주를 하다가 세상을 떠난 왕자들을 위로하기 위해서였죠. 그 뒤, 펠롭스는 왕국을 잘 다스렸어요. 다른 왕국과 용감하게 싸워 땅도 많이 늘렸지요. 펠롭스가 늘린 땅은 '펠로폰네소스'라고 불렀어요. 펠롭스는 오랫동안 강하고 용감한 왕으로 이름을 날렸답니다.

영웅들을 괴롭힌 괴물 이야기

신화 속에는 수많은 괴물이 등장해요. 끔찍한 외모에 무시무시한 성격을 가진 다양한 괴물이 사람들을 해치고 괴롭혔지요. 괴물 중 가장 덩치가 큰 괴물은 누구일까요? 바로 기간테스족이랍니다. 기간테스족은 몸 전체가 36,423제곱미터나 되었어요. 초등학교 운동장보다 훨씬 더 크지요. 기간테스족이 어찌나 어마어마하게 크고 무서운지, 신들조차 이집트로 달아나 숨어 버릴 정도였어요.

그럼 가장 작은 괴물은 누구일까요? 피그마이오스족이에요. 사람들은 그 종족을 큐빗이라고 불렀어요. 큐빗은 고작 33센티미터밖에 되지 않았어요. 어른의 팔꿈치 정도로 작았지요. 큐빗은 작지만 성질이 사납고 전쟁을 좋아했어요. 그래서 자신보다 훨씬 큰 헤라클레스와도 싸움을 했을 정도였답니다.

 정답

▼ 42~43쪽

▼ 66~67쪽

▼ 158~159쪽

▼ 182~183쪽

〈그림으로 보는 그리스 로마 신화〉 시리즈는 모두 5권입니다.

- 1권　올림포스 시대
- 2권　신과 인간
- 3권　신들의 사랑 이야기
- 4권　영웅들의 모험
- 5권　일리아스와 오디세이아

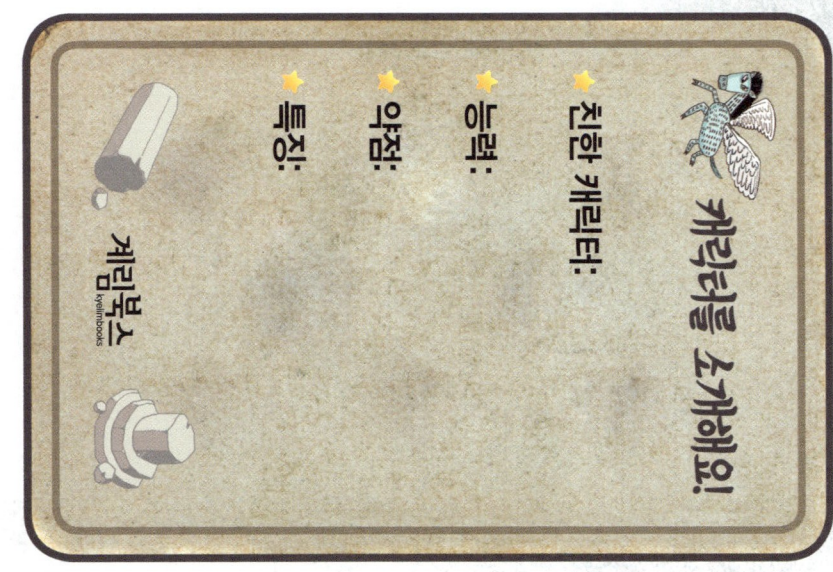
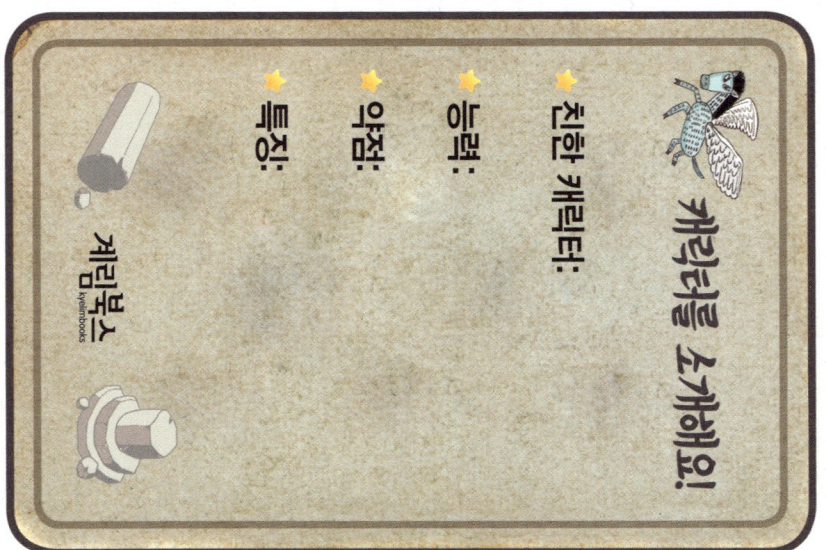

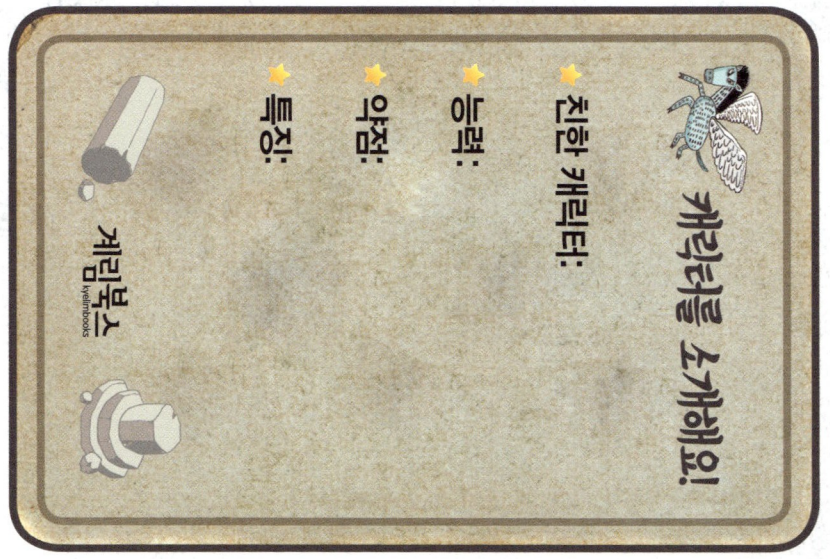
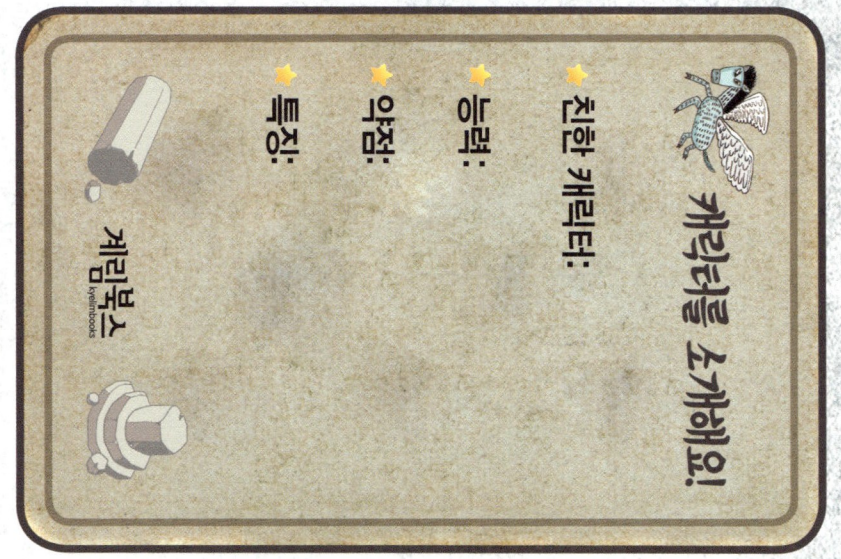

게임 방법 II

1. 친구와 카드를 7장씩 나눠 가져요.
2. 〈그림으로 보는 그리스 로마 신화〉를 읽은 뒤, '캐릭터를 소개해요'의 빈 칸을 써요.
3. 캐릭터 그림이 안 보이게 카드를 뒤집어요. 상대방에게 각자 쓴 '캐릭터를 소개해요' 내용을 읽어 준 뒤, "어떤 캐릭터일까?" 하고 문제를 내요.
4. 상대방이 문제를 맞히면 카드를 주고, 못 맞히면 문제를 낸 사람이 갖고 있어요. 카드를 많이 모은 사람이 이기는 게임이에요.

게임 방법을 다양하게 만들어 보세요.

그리스 로마 신화 캐릭터 카드 4

게임 방법 I

1. 친구와 카드를 7장씩 나눠 가져요.
2. 캐릭터에게 힘을 주세요. 파란색 원에는 지력, 빨간색 원에는 체력, 노란색 원에는 마법력을 나타내는 숫자를 써요. 이때 세 힘의 합이 100을 넘으면 안 돼요. 그런 다음, 캐릭터의 전체 힘을 나타내는 별을 색칠해요.
3. 친구와 지력, 체력, 마법력, 전체 힘 중에서 무슨 대결을 할지 정해요.
4. 카드를 한 장씩 동시에 내고 누구의 숫자가 높은지 대결해요. 숫자가 큰 카드를 가진 사람이 상대방의 카드를 가져올 수 있어요.

카드를 오려서 재미있는 카드 게임을 해요.

(——— 자르는 선)

페르세우스

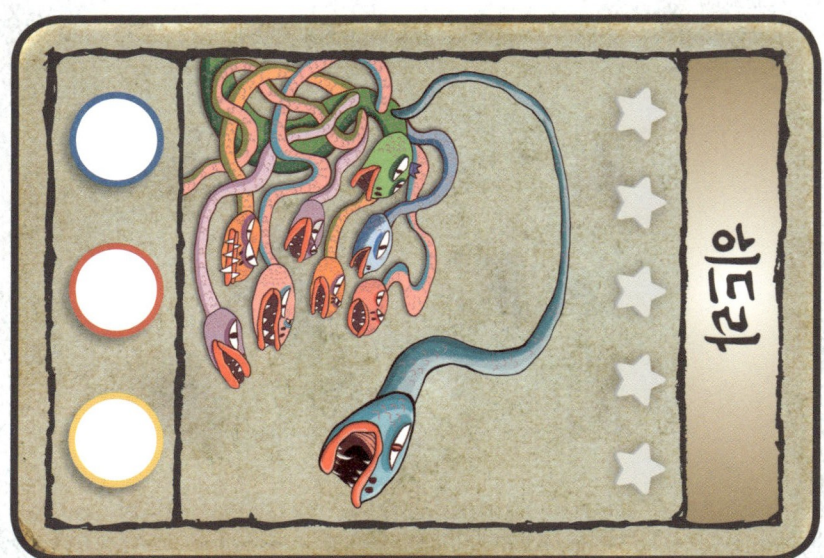
히드라

테세우스

헤라클레스

아스클레피오스

아킬레우스

 키마이라

 케르베로스

 페가수스

 메두사

 헤라클레스

 이아손

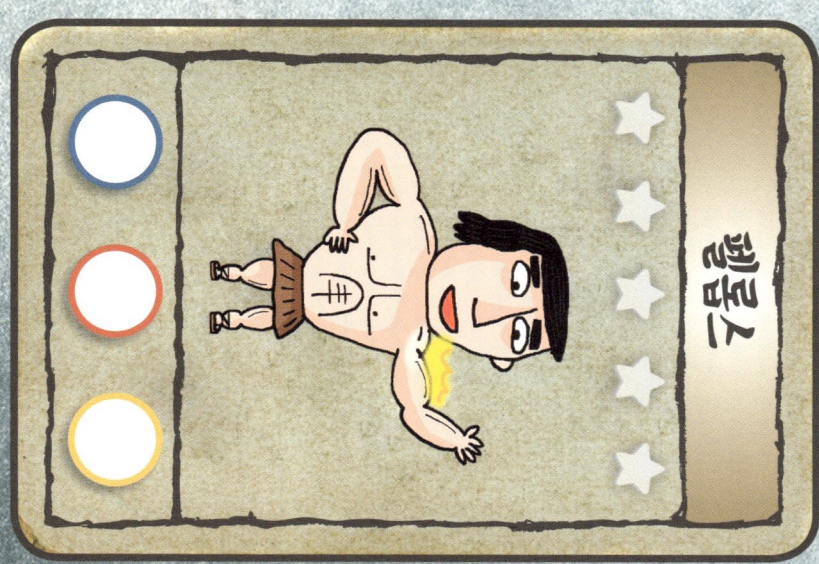 헤르쿨레스

 메데이아